LOTTE HANREICH
EDITH ZELTNER

KÄSEN -

120 REZEPTE

LEICHT GEMACHT

LEITFADEN FÜR DIE MILCHVERARBEITUNG

5. Auflage Mit erweitertem Rezeptteil

LEOPOLD STOCKER VERLAG

Umschlagfoto: Renate Mohl.
Fotos im Textteil und Farbfotos: Renate Mohl, Boris Hanreich, Edith Zeltner.
Zeichnungen: Georg Hanreich.

ISBN 3-7020-0548-X
Printed in Austria.
Druck: M. Theiss Ges.m.b.H., Wolfsberg

Inhalt

Einleitende Worte

Als ich begonnen habe, Käse zu machen, wußte ich praktisch nichts vom Käsen. Ich hatte keine Erfahrung, keine Nachbarn, die Käse herstellten, und auch kein Buch, in dem ich nachblättern konnte. Ich fand zuerst selbst heraus, was ich machen mußte, um Käse zu erhalten. Später halfen mir gute Freunde, Bücher und Kurse weiter. Was mir aber immer noch fehlte, war ein Käsebuch, ein Nachschlagwerk, wo so ziemlich alles darin stand, was ich am Bauernhof brauchte, um verschiedenste Käserezepte ausprobieren zu können. So fing ich an, Rezepte und gute Ratschläge zu sammeln, selbst viel zu versuchen, Kurse zu besuchen und Kurse für Anfänger zu geben. Bei letzteren merkte ich, welche Schwierigkeiten es immer wieder gab, die ich bereits durch meine Erfahrung überwunden hatte. Aus dieser Praxis ist nun ein Buch entstanden.

Dieses Buch möge Anregung sein, zu versuchen, aus der eigenen Milch Käse herzustellen und so die Milch, die am Hof manchmal zu reichlich anfällt, selbst zu verarbeiten, haltbar in Form von Käse zu machen. Es kann jedoch keinen Leitfaden bilden, Käse herzustellen, nur um ihn dann verkaufen zu können. Sicherlich gibt das Buch aber dennoch auch den Käsern, die den Käse gewerblich herstellen, um ihn zu verkaufen, einige praktische Hinweise. Wollen wir unseren eigenen Käse erzeugen, für die Familie und Freunde, soll dieses Buch auf vielerlei Notwendigkeiten und Voraussetzungen aufmerksam machen, damit aus der Milch ein entsprechend guter Käse entstehen kann. Wichtig ist vor allem der Experimentierwille und ein wenig Risikofreudigkeit.

Sie können grundsätzlich aus jeder Milch, die von gesunden Tieren stammt, die sauber und frisch genug ist, Käse machen. Es ist egal, welche Milch wir verwenden, Kuh-, Schaf- oder Ziegenmilch oder auch gemischte Milch. Es wird immer Käse daraus.

Die Käseherstellung war bei uns bis vor ca. 100 Jahren fast ausschließlich im Aufgabenbereich der Frau, der Bäuerin, der Sennerin gelegen. Erst seit sich die Käseherstellung aus dem Bauernhof, dem Meierhof, in die Molkereien verlagert hatte, wurde die Käseherstellung die Domäne der Käsereimeister. Wir finden kaum mehr Frauen in den Molkereien, die als Käsereimeisterinnen tätig sind. Ich werde mit diesem Buch auch die Möglichkeiten der Frau als Mutter und daher Verantwortliche für die gesunde Ernährung der Familie, der Kinder, unterstreichen und auf einiges aufmerksam machen, was wir Frauen stillschweigend an die Nahrungsmittelindustrie abgegeben haben: das Wissen über die Qualität der Nahrung und ihren Wert für das gesunde Heranwachsen der eigenen Kinder. Vertrauen wir doch viel zu oft eher einer Beschriftung auf einer plastikverpackten, sterilisierten Nahrung als unseren eigenen, selbst hergestellten, natürlichen Nahrungsmitteln.

Dieses Buch möge dazu dienen, daß die verschiedensten Käsesorten wieder neu entdeckt und entwickelt oder abgewandelt werden.

Entdecken Sie an Hand dieses Buches, daß Käse selbst zubereiten Freude macht, Freude am Herstellen und an der Zufriedenheit der Esser.

Möge dieses Buch bewirken, daß sich da und dort eine wahre Käseexpertin entwickelt, die ihre eigene Sorte, ihren ganz spezifisch eigenen Käse, der nur von ihr so schmeckt, herstellen lernt, die damit Liebhaber und vielleicht auch zufriedene Käufer findet.

Seien Sie sich aber auch bewußt, gleich zu Beginn bewußt, daß guter Käse sehr viel Sorgfalt und einige Mühen mit sich bringt, und daß Sie nur dann wirklich guten Käse herstellen können, wenn Sie viele Faktoren beachten und stets weiter lernen wollen. Und bedenken Sie, daß der Käse, den Sie mit vielen Mühen zubereiten, seinen hohen Wert (Preis) haben muß, wenn Sie diesen verkaufen wollen oder müssen.

Fangen Sie also mit dem einfachsten Käse, dem Frischkäse, an, und wenn Sie einige Frischkäsesorten erfolgreich ausprobiert haben, wenden Sie sich den nächsten Käsen, den Weichkäsen, zu. Die Weichkäse sind insofern schwieriger, weil Sie alle Herstellungsfaktoren exakter beachten müssen. Sie werden, weil sich der Käse länger hält, nur von wirklich allerbester Milch Weichkäse herstellen können. Haben uns geringere Mengen Hefebakterien im Topfen oder Handkäse noch nicht so sehr gestört, weil der Käse innerhalb einer Woche gegessen wird und sich die Hefebakterien nicht schädlich auswirken können, so können Sie beim Weichkäse das nicht mehr tolerieren. Beherrschen Sie dann die Weichkäseherstellung, versuchen Sie auch Hartkäse zu erzeugen. Da Hartkäse einige Monate bis Jahre (Parmesan 2–3 Jahre) reifen und halten sollte, ist jeder Käsefehler zu vermeiden. Es wäre schade, wenn sich während oder nach Ablauf der Reifezeit herausstellen sollte, daß die Milch, die Hygiene oder sonstige Voraussetzungen bei der Verarbeitung und Reifung nicht in Ordnung waren und der Käse verdorben ist.

Man unterscheidet, ob Käse aus Kuh-, Schaf- oder Ziegenmilch hergestellt wird. Jede Milch hat ihren bestimmten Wert. Kuhmilch hat in der heutigen Zeit in unserem Land wohl die größte volkswirtschaftliche Bedeutung. Einzelne Menschen lieben aber Schaf- oder Ziegenmilch und trinken diese als Diätmilch. Letztlich bestimmen aber Sie bzw. Ihre Tiere, welche Milch Sie zu Käse verarbeiten. Seien Sie sich klar, wenn Sie mit dem Käsen beginnen, daß Sie ein wertvolles Produkt, die Milch, in ein anderes wertvolles Produkt, nämlich Käse, verwandeln wollen. Unter Beachtung der vielfältigsten Faktoren werden sich Ihre Anstrengungen sicher lohnen!

Ich selbst habe viele der angeführten Käsesorten ausprobiert, aber ich konnte nicht jedes Rezept überprüfen, ob es auch für Schafmilch oder im anderen Fall für Kuhmilch, da ich nur mit Schafmilch arbeite, geeignet ist. Für entsprechende Anregungen und für neue Rezepte bin ich immer dankbar.

An dieser Stelle möchte ich meinen Dank aussprechen: meinen Kindern, die mich immer wieder mit ihrem freudigen Lob ermunterten; meinem Mann, der mir viele Geräte bastelte, die damals noch nicht käuflich erhältlich waren; an Ida Schwintzer, ohne deren Buch ich über den Topfen nicht hinausgekommen wäre; an Renate Mohl, die mir vor vielen Jahren mit ihrem Kurs einen ersten praktischen Einblick in die Käserei am Bauernhof gab; an Wolfgang Holz, Herrn v. Welck und Josef Pölzleitner, die mir oft mit Rat und Tat zur Seite gestanden sind. Ohne diese, meine Freunde, wäre wohl dieses Buch nie zustande gekommen. Herzlichen Dank!

Mein Dank gilt auch Edith Zeltner, die ich für die Zusammenarbeit gewinnen konnte. Ich hoffe, daß sich meine praxisnahen Ausführungen mit ihrem theoretischen Wissen gut verbunden haben und so ein wertvolles Gesamtwerk entstanden ist.

Lotte Hanreich

Ein zweites Vorwort

Meine Aufgabe an diesem Buch war es, die theoretischen Kapitel zu schreiben und den Herstellungs-, Rezept- und Literaturteil, der bereits so gut wie fertig war, zu überarbeiten und zu ergänzen.

Mir liegt viel daran, daß in der Landwirtschaft neue Wege gesucht werden, um kleinen Betrieben ein Überleben zu sichern oder Nebenerwerbs- in Vollerwerbsbetriebe umzuwandeln. Ein solcher neuer (und wie viele „gute" neue ist er ein alter...) Weg ist die Verarbeitung von Überkontingentmilch oder – solange es möglich ist – von Schaf- und Ziegenmilch zu Sauermilchprodukten und Käse. In erster Linie für den Eigenbedarf (nach dem Motto: was man nicht ausgibt, muß vorher nicht verdient werden!), aber auch zur Abgabe an Gäste und Freunde, in manchen Fällen sogar zur Entwicklung eines eigenen Betriebszweiges.

Für mich hat dieses Buch aber auch noch einen weiteren Sinn: Konsumenten, die sich mit Genuß ein Stück Käse von „ihrem Bauern" abschneiden, sollen einen Einblick bekommen in die Arbeit, das Wissen und die Kunst, die hinter diesem Produkt stecken. Schon bestehende „Beziehungen" können dadurch gefestigt werden – und zweifellos wird in den kommenden Jahren einiges in der Landwirtschaft von dieser persönlichen Beziehung Bauer – Konsument abhängen. Dazu gehört auch, daß der Konsument vielleicht selbst einmal ein paar Liter Milch einkauft, seine Küche für einige Stunden vor ungebetenen Gästen und einer allzuhohen Dosis „Stadtluft" verriegelt, sich eine Schürze umbindet und versucht, die einzelnen Schritte der Verwandlung der Milch in Käse hautnah mitzuerleben. Mit Hilfe dieses Buches sollte dieser Versuch mit einem Erfolgserlebnis enden – es garantiert aber nicht dafür, daß der entstandene Käse auch den versprochenen reifen Geschmack besitzt, wenn das Laiberl aufgrund von Ungeduld bereits viel zu früh angeschnitten und gegessen wurde – wie schon oft erlebt!

Erfolg wird heute mehr denn je von Qualität beeinflußt. Die Zeiten, wo Mengenerträge zählten, sind bei uns endgültig vorbei. Was geschätzt und auch bezahlt wird, sind gesundheitlicher Wert, guter Geschmack und persönliche, individuelle „Aufmachung", die das bäuerliche Erzeugnis vom Massenprodukt abheben – ein hygienisch einwandfreies Produkt vorausgesetzt.

Das alles soll dieses Buch anregen und so auch dem schon erfahrenen Käser als Nachschlagwerk dienen.

Nicht zuletzt hat mir selber das Arbeiten rund um die vorliegenden Seiten großen Spaß gemacht, und ich habe viel dabei gelernt, bestimmt nicht nur Fachliches! In Lotte und ihrer Familie habe ich gute Freunde dazugewonnen, und das Zusammenarbeiten war eine wichtige Erfahrung.

Auch ich habe einigen zu danken: in erster Linie meiner Familie, die eine Verzögerung des Studiums und das viele Wegsein geduldig hingenommen hat.

Und dann der Vielzahl von Milchverarbeitern – vor allem auf dem Schaf- und Ziegenkäsesektor – in Österreich und Süddeutschland, die ich im Lauf meiner Diplomarbeit kennengelernt habe und die mich so großzügig nicht nur mitarbeiten und (er)leben ließen, sondern mich auch in ihre Familien aufgenommen haben. Es seien nur einige aufgezählt: Otto, Michael und Ulli, Bernhard und Gerlinde plus Oma, Markus und Barbara, Georg, Essad und Marianne, Frieda und Hans samt Kindern, Toni, Marianne und Gerhard, Gunther und Brigitte, Robert und Soizig, Lois und Monika, Anni – und viele andere!

Ihnen allen möchte ich gerne auf diese Weise ein herzliches Dankeschön sagen. Aber jetzt: an die Arbeit – und viel Freude und Erfolg beim Selbermachen!

Edith Zeltner

Milch als Nahrung für den Menschen

Die Nahrung dient dem Aufbau und der Erneuerung der Körpersubstanz sowie der Energieerzeugung. Der Zustand der körperlichen Gesundheit kann nur aufrechterhalten werden, wenn Nahrung in Form von Eiweiß, Fett, Kohlehydraten, Mineralstoffen, Spurenelementen und Vitaminen zugeführt wird. Laut verschiedensten Ernährungserhebungen in Österreich und den umliegenden Ländern ist bekannt, daß der heutige Mensch – und der Landwirt ist davon keineswegs ausgenommen – quantitativ keinen Mangel leidet; das Problem liegt eher in der Übergewichtigkeit und paradoxerweise zugleich in der Tatsache, daß die Bedarfsdeckung an bestimmten notwendigen Wirkstoffen keineswegs immer gesichert ist.

Das „Zuviel" in der Ernährung kommt durch eine übermäßige Aufnahme an: Energie, Fett, Eiweiß, Zucker, Kochsalz, Alkohol.

Mangelerscheinungen treten hingegen nach HALDEN bei den Vitaminen A und mehreren Vitaminen der B-Gruppe auf sowie bei Calcium (bei deutschen Schulkindern fehlte bis zu 40% des Bedarfs!), Magnesium und Spurenelementen.

Den unterschiedlichsten ernährungswissenschaftlichen Meinungen ist eines gemeinsam: Neben Getreideprodukten, Obst und Gemüse sind *Milch und Milchprodukte unverzichtbare Bestandteile einer ausgewogenen Ernährung.* In diesem Zusammenhang darf nicht übersehen werden,

– daß Milch die ursprüngliche und daher bestangepaßte Nahrung für das Kalb (bzw. Lamm oder Kitz) ist und erst in zweiter Linie für den Menschen
– daß Sauermilchprodukte und Käse durch die Arbeit der Mikroorganismen „vorverdaut" und daher ernährungsphysiologisch weit günstiger als Milch sind
– daß Milch – obwohl flüssig – auf Grund ihrer Nährstoffdichte kein Getränk, sondern ein Nahrungsmittel ist und Milch daher nicht als Durstlöscher in größeren Mengen getrunken werden soll.

Trotzdem kommt Milch wegen ihrer einzigartigen Zusammensetzung und ausgewogenen Vielfalt eine so große Bedeutung in der Ernährung zu, daß der völlige Verzicht auf Milch und Milchprodukte, wie von manchen reinen Vegetariern praktiziert, auf die Dauer zu schwersten Mangelerscheinungen führen kann.

Milchfett

Es wird immer wieder darauf hingewiesen, daß wir zu viel Fett zu uns nehmen. Das ist richtig, nur kommt es vor allem darauf an, welches Fett wir verwenden.

Milchfett hat mit mehr als 60 verschiedenen Fettsäuren die vielfältigste Zusammensetzung aller *natürlichen Fette* und die beste Verdaulichkeit. Es belastet den Organismus wesentlich weniger als andere Fette (RENNER).

Fett hat aber nicht nur die Funktion der Kalorienlieferung, sondern erfüllt darüber hinaus noch andere Aufgaben, nämlich: Lieferung wichtiger *Fettbegleitstoffe*, wie z. B. fettlösliche Vitamine und essentieller Fettsäuren usw.

Milchfett hat von Natur aus eine ganze Palette der erwähnten Begleitstoffe und behält sie bei schonender Verarbeitung auch im Endprodukt.

Schließlich eine letzte Funktion des Fetts: die geschmackliche (der Genußwert). Viele *Geschmacksstoffe* sind im Fett gelöst und das Produkt „Vollmilch Extra" mit 4,5% Fett beweist, daß das Geschmackserlebnis den Wunsch nach einer kalorienärmeren Nahrung in den Hintergrund drängen kann (FOISSY).

Ein Wort zum *Cholesterin*. Zuviel Cholesterin im Blut ist einer der Risikofaktoren für Herz- und Gefäßerkrankungen. Das Cholesterin ist eine lebenswichtige Substanz und wird vom Körper selbst synthetisiert. Es ist falsch, daß – wie jahrzehntelang behauptet – durch den Verzehr von Milch und Milchprodukten in vernünftigen Mengen zuviel Cholesterin aufgenommen wird.

Milcheiweiß

Das Eiweiß der Kuhmilch besteht zu ca. 80% aus Kasein (Käserohstoff), der Rest ist sogenanntes Molkeneiweiß (geht beim Käsen in die Molke). Im Vergleich zu pflanzlichen Proteinen enthält es wesentlich mehr *essentielle Aminosäuren* (das sind Bausteine, die der menschliche Körper lebensnotwendig zum Eiweißaufbau benötigt; da er sie selber nicht herstellen kann, müssen sie mit der Nahrung zugeführt werden.) Mit einem Liter Kuhmilch ist der Bedarf an allen essentiellen Aminosäuren – ausgenommen Methionin – bereits abgedeckt. Geradezu ideal ist eine Kombination mit Vollgetreide (z. B. Müsli). Milcheiweiß ist neben seiner hohen biologischen Wertigkeit zudem noch überaus gut verdaulich. Bei Erhitzung wird das empfindliche Milcheiweiß verändert.

Milchzucker (Lactose)

Der *Lactosegehalt* der Kuhmilch beträgt rund 4,8%. Für die Milchsäurebakterien ist *Lactose der Ausgangsstoff* für die Vergärung zu Milchsäure. Dieser Vorgang ist die Grundlage zur Entstehung der Sauermilchprodukte und ein wichtiger Schritt bei der Käseherstellung.

Im menschlichen Darm dient der Milchzucker den eigenen Bakterien als Nahrung. Eiweißzersetzende Fäulniserreger werden so wirksam unterdrückt. Es gibt Erwachsene, die süße Milch nicht vertragen. Ihnen fehlt das Enzym Lactase, das den Milchzucker in seine Bestandteile Glucose (Traubenzucker) und Galactose spaltet. Es kommt zu Völlegefühl und Durchfällen. Da der Milchzucker bei der Fermentation in Milchsäure verwandelt wird, können diese Menschen Sauermilch, Joghurt, Kefir und Buttermilch sehr wohl zu sich nehmen.
Molke besitzt einen hohen Anteil an Lactose.

Milchsäure (Lactat)

Die Diskussion über die in Sauren Milchprodukten enthaltenen Milchsäuren hat in letzter Zeit stark zugenommen. Ähnlich wie beim Thema Cholesterin fühlt sich jeder befähigt, über die Vor- und Nachteile von L- und D- Milchsäure aufzuklären. Milchsäure spielt im Stoffwechsel eine bedeutende Rolle. Z. B. dient sie dem Herzmuskel als wesentliche Energiequelle; Leber, Niere, Skelettmuskulatur und Gehirn veratmen Lactat (KRUSCH).
Der Körper bildet selbst ausschließlich *rechtsdrehende Milchsäure* (L(+)-Form). Diese wird auch rasch und vollständig abgebaut.
Linksdrehende Milchsäure (D(−)-Form) wird beim Erwachsenen verzögert abgebaut; wahrscheinlich besitzt der Mensch kein eigenes Enzym zu ihrem Abbau. Beim Säugling fehlen die Reaktionsmechanismen dafür völlig. So sollte laut WHO (Weltgesundheitsorganisation) nicht mehr als 100 mg pro kg Körpergewicht an D(−)-Milchsäure konsumiert werden. Das sind bei einer Annahme von 70 kg Körpergewicht z. B. 1,2 kg Joghurt. Bei Kleinkindern liegt die Grenze allerdings bei 20 mg D(−)-Milchsäure pro kg Körpergewicht. Darauf sollte geachtet werden! Ein Becher Joghurt ist hier bereits zuviel!

Ob und wieviel L(+)-Milchsäure in einem Milchprodukt gebildet wird, hängt vor allem von der zugesetzten Kultur ab. Kurz gesagt gilt für das *Verhältnis der beiden Milchsäuretypen:*

	L (+)		D (−)
Joghurt normalerweise	50	:	50
Sauermilch, Buttermilch, Kefir	90	:	10

Mineralstoffe

Eine *Unterversorgung* auf diesem Gebiet kann vor allem in extremeren Situationen (Schwangerschaft, Stillzeit, aber auch im Wachstum) und bei einseitiger Ernährung auch bei uns durchaus vorkommen. Kuhmilch enthält 7,3 g Mineralstoffe im Liter. Interessant sind vor allem Calcium (60% des Bedarfs werden im Durchschnitt durch Milchprodukte gedeckt) und Phosphor (Knochen, Zähne). Zur täglichen Calciumaufnahme genügen z. B. ein halber Liter Milch oder Joghurt oder 10 dag Käse (zum Vergleich: 6 kg Rindfleisch oder 29 Eier). Zusätzlich fördert der Milchzucker eine optimale Calciumresorption. Kinder und Jugendliche sind häufig calciumunterversorgt! Die ständig steigenden Zahnarztkosten sind ein Anzeichen dafür.
Weiters sind Milchprodukte Quellen für Magnesium, Zink, Chrom und andere Spurenelemente.

Vitamine

Milch und Käse enthalten in wesentlichen Mengen Vitamin B_2, bei dem bei Kindern und Jugendlichen im deutschsprachigen Raum Unterversorgungen von bis zu einem Drittel festzustellen sind *(Konzentrationsschwächen)*.
Auch Vitamin B_6, das bei Jugendlichen und im letzten Drittel der Schwangerschaft besonders benötigt wird, ist in Milch reichlich enthalten. Ähnliches gilt für Folsäure, wobei dieses Vitamin durch Erhitzung bis zu 90% zerstört werden kann.
Pantothensäure ist vor allem in Käse enthalten.
Weiters liefert Milch die Vitamine A, B_{12} und C.

Molke

Läßt man Lab auf Milch einwirken, so trennt sich vom Kasein die Süßmolke. Erfolgt die Gerinnung des Eiweißes dagegen durch Milchsäurebakterien (z. B. bei der Topfenherstellung im Haushalt), so handelt es sich bei der abfallenden Molke um Sauermolke.
In der *Milchwirtschaft* ist die Verwertung der riesigen anfallenden Mengen ein bislang noch ungelöstes Problem. Ihre größten Nachteile sind wohl die sehr geringe Haltbarkeit, der zum Teil etwas bittere Geschmack (Hartkäse) und ihr

geringer Prestigewert. Letzteres ist völlig unverständlich, denn ernährungsphysiologisch handelt es sich um ein hochwertiges Produkt:
KLUPSCH zitiert aus der in Versen geschriebenen Medizinischen Schule von Salerno im 10. Jh.: „Von den Molken weiß man dies, daß sie lösen und durchdringen und recht häufig in dem Leib gute Reinigung vollbringen."
Hippokratische Ärzte schätzten die Molke als ein von Ziegen oder Kühen gespendetes „Heilwasser", mit dem sich reinigen, ausleiten, entschlacken, aktivieren, regenerieren und der Abgang des Stuhls erleichtern ließ. Tatsächlich ist Molke
– energiearm (105 kJ statt 273 kJ der Milch)
– praktisch fettfrei
– kaliumreich
– natriumarm
– vitaminreich
– reich an Molkenproteinen und Milchzucker
An *Mineralstoffen und Spurenelementen enthält Molke* Calcium, Phosphat, Kalium, Natrium, Chlorid, Magnesium, Eisen, Kupfer und Zink. Vor allem bei Bluthochdruck und allgemeinem Wunsch nach Entschlackung werden Molketrinkkuren (1–3 Wochen) erfolgreich angewandt.
Da Molke (zum Teil wegen freier Aminosäuren) nicht jedem schmeckt, kann man sie besonders für Kinder mit Fruchtsäften geschmacklich aufbessern.
Wo längere Haltbarkeit erforderlich ist, sollte Molke filtriert, pasteurisiert und in Flaschen abgefüllt werden.

Erhitzung von Milch

Spätestens an dieser Stelle sind einige Worte zu diesem umstrittenen Kapitel angebracht.
Die Einführung der Pasteurisierung von Trinkmilch war und ist bei Krankheitsgefahr (Tbc, Brucellose) ohne Zweifel sinnvoll und notwendig. Was passiert aber bei ausschließlicher Zufuhr von erhitzter Milch?
Aus den vielfältigen Untersuchungen dazu ist vor allem ein *Langzeitversuch mit Ratten* zu erwähnen, der von BLANC und Mitarbeitern in der Schweiz durchgeführt wurde. Rohe, pasteurisierte und ultrahocherhitzte (H-) Milch wurden dabei verglichen. Erwartungsgemäß traten bei den mit H-Milch ernährten Ratten Wachstumsschwierigkeiten und Degenerierung auf. Pasteurisierte Milch lag in der Mitte, näher bei Rohmilch.
Interessant ist dazu auch ein anschaulicher Vergleich von REUTER, zitiert nach KLUPSCH: Setzt man den Wärmebelastungsfaktor der Rohmilch = 0, dann

ergibt sich für die übliche Pasteurisierung der Faktor 1, für die H-Milch 100–500, dagegen für das Abkochen der Milch nach Großmutters Art der Faktor 5000. Beim *Pasteurisieren* wird am stärksten das Eiweiß (vor allem die Mokeneiweißfraktion) verändert – der Gehalt an essentiellen Aminosäuren bleibt allerdings gleich. Die empfindlichen Enzyme werden denaturiert.

Die Vitamine A, D und E reagieren auf eine Pasteurisierung kaum – wohl jedoch die Vitamine C, B_{12} und die Folsäure, allerdings weitaus weniger stark, als oft angenommen wurde.

Der Mineralstoffgehalt bleibt im großen und ganzen unverändert.

Laut KLUPSCH halten sich die Beeinflussungen durch die Hitzebehandlung in Grenzen und sind eben der Preis für eine Versorgung der Industriegesellschaft mit hygienisch einwandfreien Milchprodukten.

Für den Milcherzeuger und seine Familie (Gäste etc.) gilt jedoch, daß *bei Beachtung der hygienischen Vorschriften Rohmilch und -produkte den Vorrang haben.* Sauermilchprodukte haben neben den ernährungsphysiologischen Vorteilen noch den einer erhöhten „hygienischen Sicherheit" aufzuweisen: Durch die starke Tätigkeit der Milchsäurebakterien werden eventuell enthaltene unerwünschte Keime unterdrückt bzw. sterben ab.

Schaf, Ziege oder Kuh

Aus Anatolien ist die Haltung von Ziegen und Schafen für die Zeit um 8000 v. Chr. belegt. Kuhmilch ist in der Verwendung als menschliche Nahrung erst seit 3000 v. Chr. bekannt. Im Vorderen Orient wurden Kefir und Joghurt seit jeher aus Schafmilch hergestellt.
Vom hohen gesundheitlichen Wert der Schaf- und Ziegenmilch – im Vergleich zu Kuhmilch – ist immer wieder die Rede. Sogar die heute sehr moderne und vielgelesene Hildegard von Bingen macht darauf aufmerksam.
Eine Gegenüberstellung der meßbaren Inhaltsstoffe der drei Milcharten zeigt die folgende Tabelle:

Vergleich der Inhaltsstoffe in Kuh-, Schaf- und Ziegenmilch

(Ziegenmilch: GALL, Schafmilch: STÜCKLER, MILLS. Siehe Literatur.)

Hauptnährstoffe in %	Kuh	Schaf	Ø	Ziege	Ø
Trockensubstanz	12,7	17–20		11–15	
Wasser	87,3	·80–83		85–89	
Fett	4,0	5,5–8,0	5,7	3,5–4,6	3,7
Eiweiß	3,3	4,0–6,2	4,8	3,0–3,5	
Laktose	4,8	4,3–5,3	4,8	4,0–4,9	
Salze	0,75	0,8–0,9	0,9	0,7–0,85	

Mineralstoffe in mg/l (ppm)	Kuh	Schaf	Ø	Ziege	Ø
Kalium	1440	550–1300	1180	1650–2280	
Calcium	1180	1250–2200	1700	1140–1630	
Phosphor	930	1166–1320		840–1220	
Natrium	500	370– 590	400	340– 520	
Magnesium	130	110– 230	155	130– 160	
Chlorid	1100	710– 920	760	1050–2590	

Vitamine	Kuh	Schaf	Ziege
B_2 mg/100 g Riboflavin	0,16	0,3	0,15
B_1 mg/100 g Thiamin	0,04	0,08	0,04
B_6 mg/100 g	0,05	0,07	0,017
B_{12} g/100 g	0,4	0,6	0,0001
Folsäure g/100 g	6,0	5,4	1,03
Pantothensäure mg/100 g	0,3	0,4	0,3
C mg/100 g	1,7	0,6–4,2	1,5–2,0

kJ (Kilojoule)	273	426	296

pH-Wert	6,6–6,7	6,65	6,3–7,0

Der Gehalt an Orotsäure (Substanz mit Vitamincharakter) ist in Schafmilch 3–4 mal so hoch wie in Kuhmilch. Die Werte schwanken von Tier zu Tier. Orotsäure ist wissenschaftlich noch nicht zur Gänze untersucht. Ganz allgemein schreibt man ihr einen wichtigen Gesundheitsfaktor (für Aufbau und Regeneration) zu.

Bedarfsdeckung durch Milch

Durch 1 Liter Kuhmilch werden an Mineralstoffen und Spurenelementen pro Tag abgedeckt:

Calcium	150%	Kupfer	6%
Phosphor	120%	Eisen	4%
Kalium	75%	Molybdän	11%
Natrium	24%	Zink	30%
Chlorid	34%	Jod	50%
Magnesium	40%	Fluor	13%

Käseausbeute

Die Käseausbeute – das heißt wieviel Liter Milch benötigt werden, um 1 kg fertigen Käse zu erhalten – variiert bei gleicher Technologie mit der verwendeten Milchart. Der Ertrag ist vor allem vom enthaltenen Eiweiß abhängig. So braucht man für *1 kg Frischkäse* im Jahresdurchschnitt rund *6 Liter Kuh- und* ungefähr die gleiche Menge *Ziegenmilch*, jedoch nur etwa *2,5 bis 3 Liter Schafmilch*. Bei Schnitt- oder Hartkäse liegen die Verhältnisse ähnlich. Der Molkeanfall ist bei der Schafmilch dementsprechend am geringsten, was bei der Herstellung von Schnittkäse mit Bruchbearbeitung berücksichtigt werden muß, indem man etwas Wasser zusetzt.

Bei kranken Tieren (Mastitis) nimmt der Eiweißgehalt und damit die Ausbeute ab.

Besonderheiten der verschiedenen Milcharten

Die für uns auffallendsten Unterschiede zur Kuhmilch bestehen bei der *Verarbeitung von Ziegenmilch:* Sie weist Besonderheiten in der Eiweißzusammensetzung auf, das bedeutet, daß der Bruch bei der Käseherstellung weicher ist. Erzeugt man Joghurt aus roher Ziegenmilch, so wird man die erwartete Konsistenz („Stichfestigkeit") vermissen: Ziegenjoghurt ist fast flüssig.

Auch das *Fett der Ziegenmilch* hat besondere Eigenschaften. Es fehlt ihm die Tendenz zum Zusammenfließen der Fettkügelchen, die außerdem kleiner und feiner verteilt in der Milch sind. Ergebnis: Ziegenmilch rahmt nicht auf. Will man dennoch Ziegenbutter herstellen, so ist dies nur mit Hilfe einer Rahmzentrifuge möglich. Ziegenbutter dient als Grundlage zur Salbenherstellung.

Ihre Farbe ist deshalb so weiß, weil das Fett im Gegensatz zu dem der Kuhmilch kein Karotin (Vorstufe zum Vitamin A), dafür mehr Vitamin A als Kuhmilch enthält.

Ziegenmilch enthält weniger Eisen, Kupfer und Folsäure. Bei einseitiger Ernährung können daher Anämien (Blutarmut) auftreten.

Fett und Eiweiß der Schafmilch sind besonders gut für den menschlichen Organismus verträglich. Frische Schafmilch wird für Kinder, die Kuhmilch nicht vertragen, bereits von vielen Ärzten verordnet.

Schafmilch ist gegenüber Erhitzung weniger stabil als Kuhmilch. Man merkt das, wenn man Temperaturen über 50 Grad C anwendet: Ein Teil des Eiweißes koaguliert (flockt aus) und wird sichtbar in Form von Flankerln.

Schafmilch reagiert sehr empfindlich auf den Labzusatz. Man nimmt daher bei deren Verarbeitung eine geringere Labmenge. Als Faustregel kann gesagt werden:

1 Tropfen/l für Hartkäse
3 Tropfen/l für Weichkäse, Frischkäse
5–6 Tropfen/l für den Erlauftaler, Gupf etc.
15–20 Tropfen sind mit einem ml gleichzusetzen.

Aufgrund des hohen Fettanteils muß der Bruch noch schonender bearbeitet werden, als man es von der Kuhmilch her gewohnt ist, weil sonst große Verluste in die Molke gehen.

Schafkäse wird leichter versalzen als Kuhkäse. Das Bruchsalzen ist nicht zu empfehlen, da auch zuviel Salz in die Molke abgeht.

Schafbutter ist weiß und cremig weich mit einem leichten Mandelgeschmack und gilt als Delikatesse.

Gegen Ende der Laktationsperiode ist die Schafmilch besonders fettreich. Zum Verkäsen kann abgerahmt bzw. Wasser beigemischt werden.

Milch für die Käseerzeugung

Der Wert der Milch als Rohstoff zur Käserei hängt von zwei Umständen ab, nämlich
1. von ihrem Gehalt an wertbestimmenden Inhaltsstoffen
2. von den besonderen Eigenschaften der Milch, die einen Einfluß auf ihre Eignung zur Käserei besitzen – zusammengefaßt unter dem Begriff *„Käsereitauglichkeit"*

Rohmilchqualität

wertbestimmende Inhaltsstoffe	Eigenschaften für technologische Eignung	hygienische Eigenschaften
Fett		Krankheitserreger
Eiweiß	Keimzahl	Rückstände:
Milchzucker	Zellgehalt	Medikamente
Vitamine	Labfähigkeit	Pestizide
Mineralstoffe	Säuerungsaktivität	Umweltchemikalien
	Geruch/Geschmack	Desinfektionsmittel
	Fremdstoffe:	
	Schmutz	
	Medikamente	
	Desinfektionsmittel	

Grundsätzlich kann jede Art von Milch zu Käse verarbeitet werden, sei es Kuh-, Ziegen- oder Schafmilch. Im folgenden ist, sofern nicht extra darauf hingewiesen wird, von Kuhmilch die Rede. Die spezifischen Eigenheiten von Schaf- und Ziegenmilch wurden in einem separaten Kapitel behandelt.

An *wertbestimmenden Bestandteilen* enthält Milch etwa 4 % Fett, 3,5 % Eiweiß und 4,8 % Lactose. Diese Zahlen sind Durchschnittswerte, die beim Einzeltier im Verlauf der Laktation bekanntlich stark variieren. Folgende Umstände haben in unterschiedlichem Maß einen Einfluß:
Rasse, Einzeltier, Alter, Laktationsstadium, Gesundheitszustand, Fütterung und Haltung. Für einen Molkereigroßbetrieb mit einer täglichen Milchanlieferung von mehreren 1000 kg bedeutet das kaum Probleme: in den Tanks mischen sich die verschiedenen Einzelmilchen, und hervorstechende Merkmale werden stark verdünnt. Für den *bäuerlichen Milchverarbeiter* können diese Tatsachen jedoch sehr wohl entscheidend sein. Ein einziges krankes Euterviertel eines seiner Milchtiere ist u. U. in der Lage, die Käseproduktion eines Tages, einer Woche ungenießbar zu machen. Schwankungen in der Fütterung oder gar

plötzliche Futterumstellungen kommen in abweichendem Geschmack des Käses zum Vorschein. Und nicht zuletzt variiert die Käseausbeute enorm, wenn sich – wie bei den größtenteils saisonal veranlagten Milchschafen und -ziegen – ein Großteil der Herde im Herbst am Ende der Laktation befindet.

Daß schließlich *Kolostral- oder Biestmilch* ganz dem Jungtier gehören soll und keinesfalls zur Käseherstellung verwendet werden darf, muß wohl kaum erwähnt werden. Unter Umständen kann es mit der Milch altmelkender Tiere zu Problemen kommen, die durch die erhöhte Ausscheidung an „Zellen" (Leukozyten) bedingt sind.

Pasteurisieren – ja oder nein?

Für die Käseerzeugung ist es keineswegs egal, ob der Ausgangsstoff rohe oder pasteurisierte Milch ist. Grundsätzlich ist beides möglich. *Allerdings muß beachtet werden, daß*

1. durch das Erhitzen auch die in der Rohmilch enthaltenen, erwünschten *Milchsäurebakterien* abgetötet werden, die für die Käserei unumgänglich wichtig sind. Die Zugabe von Säureweckerkultur ist folglich zwingend notwendig.
2. sich das *Eiweiß* verändert und ein Teil des *Calciums* festgelegt wird, so daß die Milch durch den Zusatz von Lab nicht mehr ohne weiteres gerinnt. Man kann dem abhelfen, indem man dementsprechend mehr Lab dazugibt. Darunter leiden aber Geschmack und Konsistenz. In Molkereien wählt man den Weg des *„Käsereihilfsstoffes"* Calciumchlorid ($CaCl_2$) in einer Menge von 5 bis 10 g pro 100 Liter Milch, womit das festgelegte Calcium ersetzt und die Labgerinnung der Milch wieder voll hergestellt ist.

Jeder Käser muß selbst entscheiden, ob er lieber mit roher oder pasteurisierter Milch arbeitet.

Die Vorteile pasteurisierter Milch sind:
– größere „Sicherheit", daß sich z. B. bei Kefir, Joghurt, Sauer- oder Buttermilch die zugesetzten erwünschten Bakterien entfalten, weil sie durch keine anderen Keime gestört werden
– das Endprodukt ist einheitlicher
– da ein Großteil (nicht alle) der möglicherweise enthaltenen pathogenen (krankmachenden) Keime durch die Erhitzung abgetötet werden, ist das Risiko für den Verbraucher geringer

Die *Vorteile der Rohmilch* sind längst noch nicht alle wissenschaftlich erforscht und bewiesen. Sie liegen neben der Naturbelassenheit in einem unumstritten besseren und reichhaltigeren Aroma des Käses – nicht umsonst wird Emmentaler fast immer aus Rohmilch hergestellt. Aus roher Milch werden Geschmacksrichtungen erzielt, die man im „Industriekäse" vergeblich sucht.

Daneben zählen für den bäuerlichen Selbstversorger die einfachere und sparsamere Verarbeitung (kein umständliches Erhitzen und Wiederabkühlen). *Unbedingte Voraussetzung* für die Verarbeitung und den Genuß roher Milch ist allerdings die Gesundheit der Tiere und ein ausreichendes Maß an Hygiene. Unabhängig davon, wie sich der bäuerliche Milchverarbeiter entscheidet, bleibt es unumstritten, daß es für Großbetriebe, die die Milch Hunderter Lieferanten verarbeiten und ganze Städte mit Trinkmilch und Milchprodukten versorgen, absolut notwendig ist, diese zu pasteurisieren. Außerdem geschieht dies in der Molkerei durch genaue Temperaturführung und sofortige Abkühlung äußerst schonend – weit schonender, als wir es zu Hause jemals fertigbringen.

Was allerdings zur Diskussion stehen soll, ist die *Sinnhaftigkeit* der bei uns häufig vorkommenden Zweifach- oder gar Dreifachpasteurisierung (Geschmacksveränderungen sind bereits feststellbar), sowie der Homogenisierung der Trinkmilch. Hier werden die Fettkügelchen durch hohen Druck zerschlagen, so daß die Tendenz zur Aufrahmung weitgehend unterbleibt. Die kleinen Fettkügelchen werden rascher ins Blut aufgenommen, und es existiert eine – bisher unbewiesene – Theorie, nach der dadurch koronaren Herzkrankheiten Vorschub geleistet werden könnte.

Wer also Milchprodukte vorwiegend zum eigenen Verbrauch herstellen möchte, wird sich normalerweise für Rohmilch entscheiden. Treten allerdings Krankheiten im Stall auf oder passieren wiederholt Fehlgärungen oder Blähungen im Käse, so ist ein Pasteurisieren unbedingt zu empfehlen. Es geschieht zu Hause am besten durch Dauererhitzung (65 Grad C für 30 Minuten) oder durch Erhitzung auf 74 bis 72 Grad C und einer Heißhaltezeit von 20 Sekunden. Ideal ist die Erhitzung im Wasserbad, da sonst die Gefahr des Anbrennens der Milch besteht. Nach Ablauf der Heißhaltezeit muß die Milch möglichst sofort abgekühlt werden.

Ein generelles „Abkochen" der Milch, wie es heute leider vor allem in bäuerlichen Kreisen oft noch üblich ist, ist hingegen genauso abzulehnen wie die übertriebene Angst vor der molkereimäßigen Bearbeitung. Das Abkochen entspricht eher dem Sterilisieren als dem Pasteurisieren mit den Folgen der Geschmacksveränderung und teilweisen Zerstörung lebenswichtiger Vitamine und Enzyme.

Labfähigkeit

Das Prinzip des Käsens besteht darin, das in der Milch enthaltene Eiweiß (Kasein) zum Ausfällen zu bringen. Das erreicht man normalerweise durch Zugabe von Lab, einem Enzym aus dem Kälbermagen.

Gute Labfähigkeit heißt: Die Milch bildet nach dem Zusatz des Enzyms innerhalb einer bestimmten Zeit eine mehr oder weniger feste Gallerte (Bruch). Bei ungenügender Labfähigkeit wird der Bruch zu weich, es entsteht mehr Käsestaub, die Molke rinnt schlechter ab. Qualität und Ausbeute werden beeinträchtigt.

Faktoren, die die Labfähigkeit beeinflussen:

- *pH-Wert*
  bei euterkranken oder altmelkenden Tieren kann es auf Grund des erhöhten pH-Wertes (über 6,7) zu Problemen kommen
- *Tiefkühlung*
  Wer Rohmilch verkäst, soll die Milch nicht längere Zeit unter 10 Grad C abkühlen. Vieles spricht also für die tägliche Verkäsung, vorausgesetzt, man verfügt über die nötige Milchmenge.
- *Mechanische Belastung*
  Zu starke mechanische Belastung schadet der Milch: Es entsteht freies Fett, das sogar ausbuttern kann und von den fettspaltenden Enzymen angegriffen wird (ranzig werden).
  Ursachen: Schlecht eingestellte Melkmaschinen, Rührwerke bei der Kühlung, Transportwege.
- *Calcium*
  Normale Kuhmilch enthält 1,2 g Calcium pro Liter, unabhängig von der Fütterung.
  Über die Festlegung beim Erhitzen wurde bereits gesprochen.

Keimgehalt

Milch kommt *nahezu keimfrei* aus dem Euter.
Woher kommen dann die für den Laien unvorstellbaren Keimzahlen von bis zu einigen Millionen pro ml?

Berührung der Milch durch	Vermehrung des Keimgehaltes um
Passage durch Strichkanal	100 – 1.000 Keime/ml
schlechte Luftverhältnisse im Stall	100 – 1.500 Keime/ml
verschmutzte Euter	500 – 15.000 Keime/ml
Euterkrankheiten	300 – 25.000 Keime/ml
schlechte Reinigung und Desinfektion der Melkgeräte	bis zu 500.000 Keime/ml

Von Bedeutung ist nicht nur die Anzahl (gute Rohmilch enthält ca. 50.000 bis 100.000 Keime/ml), sondern vor allem *die Art der Bakterien.*

1. Säurebildner

Darunter versteht man die sogenannten *Milchsäurebakterien* (Herkunft: Luft, Euteroberfläche . . .), die durchaus erwünscht sind. Sie *fermentieren (vergären) den Milchzucker zu Milchsäure*, sind also verantwortlich für die Säuerung der Milch. Wenn sie dominieren und man die Milch bei für diese Bakterien optimalen Temperaturen (25–30 Grad C) stehen läßt, so entsteht saure, geronnene Milch. In der Praxis wird man diesen Vorgang durch Säureweckerzusatz (1–3% fertige Sauer- oder Buttermilch) unterstützen.

2. Coliforme

Coliforme sind Blähungserreger aus Kotverschmutzungen (tierischer oder menschlicher Herkunft), die in kleinen Mengen nahezu unvermeidlich in die Milch gelangen. Sie zählen zu den unerwünschten Keimen, da sie
a) *Fäkalverschmutzungen* anzeigen
b) im Käse zu *Fehlgärungen* führen können (löchrig, blasig, verdorbener Geschmack)
c) unter Umständen *krankheitserregende Keime* enthalten (Erbrechen, Durchfälle, vor allem bei Kleinkindern)
Coliforme-Keimzahlen von einigen 100 bis 1000 im ml Milch können sich im reifen Käse auf bis zu mehrere Millionen pro Gramm vermehren.

3. Staphylokokken

Staphyle ist griechisch und bedeutet Weintraube. Die Staphylokokken sind *kugelförmige Bakterien*, die im Mikroskop als traubenförmige Haufen zu sehen sind – daher ihr Name. Sie sind unerwünscht, da sie ein*Toxin* (Gift) bilden, das innerhalb weniger Stunden Erbrechen und Durchfälle auslöst, die allerdings rasch wieder abklingen.
Ihr Vorkommen in Milch hat vor allem zwei Ursachen:
a) *Euterkrankheiten (Mastitis)*
   Heutzutage werden bei Kühen 98% der Euterentzündungen durch Staphylokokken hervorgerufen, bei Schafen und Ziegen wird es nicht viel anders sein.
b) *über den Menschen*
   (eitrige Verletzungen an den Händen und im Gesicht). Genaueres siehe im Kapitel Hygiene.

Ein euterkrankes Tier kann unter Umständen genügen, um Mengen von mehreren 1000 Staphylokokken im Gramm Käse zu finden. Der Genuß eines solchen Käses ist daher eine zweifelhafte Angelegenheit.

4. Buttersäurebazillen (Clostridien)

Diese Keime kommen vor allem über *Gärfutter* (schlecht gesäuerte Silage) und *zuckerhältige Futtermittel* in die Milch.
Im Käse führen sie zu *Fehlgärungen* (Spätblähung) und einem *süßlich-ranzigen Geschmack*. Für die Frischkäseherstellung ist dies von sehr untergeordneter Bedeutung. Wer aber *Hartkäse* machen möchte, sollte auf Silofütterung verzichten. Hier schafft auch das Pasteurisieren keine Abhilfe: Die Bakterien bilden Sporen, welche die Erhitzung überleben. Eine solche Spore kann genügen, um ganze Käselaibe zum Zerreißen zu bringen. In Schnittkäsereien wird deshalb Kaliumnitrat oder Natriumnitrat (bis 20 g/100 l Milch) zugesetzt. Da sich im Zuge des Abbaues allerdings krebserregende *Nitrosamine* bilden und für Exportkäse der Nitratzusatz bereits verboten ist (!), kann dieser Weg keinesfalls empfohlen werden.

Hygienische Eigenschaften der Milch

Eutergesundheit – Zellzahl

Gesunde Milch kann nur von gesunden Tieren stammen. Ein „Maß" für diese ist die sogenannte Zellzahl.
Die Milchbildung geschieht in der Drüsenmasse des Euters. Die milchsammelnden und milchableitenden Gänge sind mit Zellen ausgekleidet, die nach und nach verbraucht und wie Hautschuppen abgestoßen werden. So gelangen sie natürlicherweise in die Milch.
Daneben finden wir dort aber auch andere Zellen: krankmachende Keime wandern in das Euter und verursachen eine (nicht immer sichtbare) Entzündung. Der Körper reagiert mit einer vermehrten *Abgabe von weißen Blutkörperchen („Gesundheitspolizei")*, die die Keime umschließen und unschädlich machen. Auch diese werden durch die Milch ausgeschieden. Gesunde Milch enthält 60% Hautzellen und 40% weiße Blutkörperchen. Im Fall von Euterkrankheiten ändert sich dieses Verhältnis auf bis zu 20% zu 80%!

Für den Käse bedeutet dies neben einer Verminderung der Milchmenge
– *Veränderung der Milchinhaltsstoffe:*
  weniger Kasein
  weniger Milchzucker
  mehr Natrium und Chlorid
  weniger Calcium und Phosphor
– *schlechtere Käsereitauglichkeit:*
  da die Labfähigkeit leidet
Abgesehen von der geringen Ausbeute und Fehlproduktionen kann von „gesundem Käse" wohl nicht mehr gesprochen werden.

Abhilfe:

Die besten „Gegenmaßnahmen" liegen in der Vorbeugung:
– optimale Stallverhältnisse (Platz! Einstreu!)
– Vermeiden von Streß
– richtiges Melken (Vormelken!)
– Euterkontrolle und -pflege
– Melkhygiene
– kranke Tiere frühzeitig ausmerzen (Selektion)
– Vermeiden von Fütterungsfehlern (Eiweißüberschuß, Energiemangel, Rohfasermangel, schlechte Mineralstoffversorgung)
– Auslauf
Ist eine Euterkrankheit erkennbar, so muß die Milch sofort von der übrigen getrennt werden. Als Früherkennung ist neben einer genauen Beobachtung der Tiere der Schalmtest (oder eine ähnliche Methode wie eimü-Test oder Indikatorpapier) zu empfehlen.
Wer Milch an die Molkerei abliefert, hat den Vorteil einer regelmäßigen Keim- und Zellzahlkontrolle. Der Selbstverarbeiter muß mit eigener Anstrengung auf höchste Qualität achten.
Zu den *hygienischen Eigenschaften zählen auch die Freiheit von Schmutz* sowie von Rückständen von Tierarzneimitteln, Reinigungs- und Desinfektionsmitteln. Vorsicht mit Antibiotika-Sprays zur Klauenbehandlung!
Größte Vorsicht ist geboten, wenn vom Tierarzt *Antibiotika* verabreicht werden. Werden die vorgeschriebenen Fristen ungenau eingehalten oder Medikamentenreste über das Milchgeschirr verschleppt, so ist die Milch für die Weiterverarbeitung unbrauchbar.
Biologisch wirtschaftende Bauern nehmen beim Medikamenteneinsatz doppelte Wartezeiten auf sich. Das sollte auch für die bäuerliche Käserei die Regel sein!

Hygiene

Auf den vorangegangenen Seiten wurde die Bedeutung der Hygiene für die Gewinnung und Verarbeitung von Milch bereits häufig unterstrichen. Da es sich um eine wesentliche Grundvoraussetzung für die Käserei handelt, sei an dieser Stelle vor allem auf die praktischen Konsequenzen eingegangen. Eventuelle Wiederholungen dieser so vernetzten Thematik mögen entschuldigt werden; sie sind im übrigen nicht ganz unbeabsichtigt: Gerade auf diesem Gebiet schleichen sich Schlampereien – nach eigener Erfahrung – allzu rasch ein und werden gerne zur Gewohnheit . . .

Hygiene im Stall

Die *Gewinnung sauberer Milch* beginnt bei Tieren, die sich in ihrer Umgebung möglichst wohl fühlen. Das bedeutet
– ausreichende Platzverhältnisse
– kein Streß am Futtertrog (Laufstall!)
– gut gelüftete, zugfreie, helle Ställe
– ausreichende Einstreu
– täglicher Auslauf, auch im Winter
– euterkranke Schafe und Ziegen bzw. Kühe im Laufstall sofort absondern, Streu täglich entfernen und großzügig einstreuen
Optimale Stallverhältnisse verhindern auch den bei Ziegen so gefürchteten „Bockgeruch" in der Milch. (Abgesehen von der Trennung des Bockes besonders im Herbst.)

Hygiene beim Melken

Melkstand

Wo immer es möglich ist, sollte zum Melken von Schafen und Ziegen ein eigener Melkstand verwendet werden – und mit etwas Phantasie und gutem Willen wird es fast immer möglich sein. Die Tiere gewöhnen sich rasch daran und können individuell kontrolliert werden. (Auch während der Trockenstellzeit ist es günstig, jedes Tier täglich über den Melkstand zu treiben.) Kraftfutter kann – falls es im Melkstand gegeben wird – genau zugeteilt werden. Schließlich ist die Gefahr einer Verschmutzung der Milch auf alle Fälle geringer.

Euterhygiene

Die Fragen der *Euterreinigung und -desinfektion* sind längst noch nicht alle gelöst.

Zitzentauchen ja oder nein? Chemische Reinigungsmittel? Waschen des Euters oder nicht? Dazu einige allgemeine Grundsätze:

1. *Keine Gemeinschaftsfetzen verwenden.* Die Keime werden von einem Tier aufs andere übertragen, auch wenn der Fetzen täglich ausgekocht wird. Einwegpapier sollte auch für den Selbstversorger die Regel werden.
2. *Euter nur waschen,* wenn dies als nötig empfunden wird. In diesem Fall muß gut abgetrocknet werden, da sich Schmutzreste sonst verschmieren und in die Milch gelangen.
3. *Unbedingt vormelken!* Die ersten keimreichen Strahlen nicht in die Streu, sondern in einen extra Becher melken, ideal mit schwarzer Abdeckplatte, um Schlieren (Euterentzündung) sofort zu erkennen, bevor die Milch mit der restlichen vermischt ist.
4. *Gut ausmelken,* aber Blindmelken mit der Maschine vermeiden.
5. Nach dem Melken *keine Milchtropfen an der Zitze belassen.* Besteht die Gefahr von Euterentzündungen, den Strichkanal mit einer euterpflegenden Salbe „zupfropfen" (hat sich gut bewährt).
6. *Vor dem Melken müssen die Hände gut gereinigt werden!*

Am besten mit Heißwasser und Seife hoch hinauf waschen. Auf kurz geschnittene Fingernägel achten, da sich unter ihnen Bakterien ungestört vermehren können.

Hautrisse und kleine eiternde Wunden sind meistens unvermeidlich, doch sollte mit ihnen weder gemolken noch verarbeitet werden, da dadurch Staphylokokken, also Eitererreger, in das Produkt gelangen!

Abhilfe: dünne Gummihandschuhe tragen. Das klingt zwar umständlich, sollte aber ernstgenommen werden.

Wo es nicht unbedingt nötig ist, sollte – bei Einhaltung dieser Maßnahmen – *auf chemische Reinigungs- und Desinfektionsmittel verzichtet werden,* da sie
– auch die eutereigene Abwehrflora abtöten
– in die Milch gelangen können
– langfristig zu Resistenzerscheinungen führen

Sollte ein Zitzentauchen (Dippen) doch günstig erscheinen, so ist Jod dem Chlor vorzuziehen.

Nach dem Melken wird die Milch sofort aus dem Stall entfernt – da sie durch ihren Fettanteil Gerüche leicht annimmt – und gefiltert.

Lagern der Milch

Wer die Milch nicht melkwarm verkäst, muß sich einen geeigneten *Ort zum Lagern* suchen. Wichtig ist ein rasches Herunterkühlen der Milch, da sich die

Keime – nach einer anfänglichen stabilen Phase (solange das natürliche, keimhemmende System der Milch wirkt) – rasch vermehren. Die ideale Temperatur hängt von der Art der Weiterverwendung ab. Trinkmilch sollte möglichst bei +4 Grad C (Kühlschranktemperatur) gelagert werden. Für die Schnitt- und Hartkäserei dürfen allerdings 10 Grad C nicht unterschritten werden. Im allgemeinen wird man auch im Sommer mit einer *Wasserkühlung* auskommen, soferne selber verarbeitet wird.

Die Meinung, daß sich Bakterien und Hefen im Kühlschrank nicht vermehren, ist selbstverständlich falsch. Im Gegenteil! Durch die Lagerung bei tiefen Temperaturen selektiert man auf jene Keime, die auch diese noch aushalten. Das sind leider nicht die begehrten Milchsäurebakterien, sondern Eiweiß- und Fettspalter, die die Milch ranzig und faulig statt sauer werden lassen.

Wer Milch (oder Rahm) von mehreren Melkzeiten sammelt, muß diese *in getrennten Gefäßen* aufbewahren. Wer pasteurisieren möchte, sollte dies sofort machen und anschließend rasch herunterkühlen.

Wird sofort verkäst, so ist es sehr empfehlenswert, der Milch gleich nach dem Melken *Säurewecker* in Mengen von 1–2% zuzugeben, um das Durchsetzungsvermögen der Milchsäurebakterien zu stärken und Coliforme und Staphylokokken im Wachstum zu unterdrücken.

In welchen Geräten soll man Milch aufbewahren? Plastik ist zu vermeiden. Eine Möglichkeit sind glasierte Tongefäße, die aber schwer zu reinigen sind (Unebenheiten). Auch Holz läßt sich leider oft nur unzulänglich säubern.

Optimal – wenn auch am teuersten – ist Edelstahl. Dies gilt vor allem für die Käserei, wo das Gefäß mit der aggressiven Milchsäure in Berührung kommt.

Milch sollte beim Lagern abgedeckt werden, allerdings nicht dicht, da sie die Möglichkeit zum Auslüften haben muß.

Auf *Almsennereien* wird die Abendmilch in weiten, flachen Schüsseln (Satten oder Bütten) bei 12 bis 14 Grad C aufgestellt, was eine Reifung bewirkt. Man erkannte früh die bakterienhemmende Wirkung frischer Milch. In der Früh wurde diese gereifte Milch mit der frischermolkenen gemischt und anschließend verkäst.

Reinigung der Gefäße

Milchauffangende Gefäße sowie sämtliches Käsereigeschirr werden sofort nach der Verwendung mit *kaltem Wasser* vorgespült (um ein Anlegen des Eiweißes zu verhindern) und dann mit möglichst *heißem Wasser* (80 Grad C) gut gewaschen. Unterstützt man die Wirkung der Hitze durch mechanische Reinigung (Bürsten), so kann man – vorausgesetzt es handelt sich um glatte

Oberflächen – *auf chemische Reinigungsmittel weitgehend verzichten.* Gelegentlich ist ein Reinigen mit heißer Sodalösung empfehlenswert.
Kleingerät (Pipetten, Löffel, Messer, Harfen . . .) sollten zusätzlich vor der Verwendung in kochendes Wasser getaucht werden.
Wo immer möglich, hat sich eine *Hochdruckreinigung* als äußerst günstig erwiesen.
Vorsicht mit gebrauchten Geschirrtüchern, Wettex, Bürsten u. ä., da sich auf diesen Bakterien rasant vermehren.
Alles Gerät soll nach dem Waschen gut lufttrocknen können, womöglich in der Sonne.
Verwendet man chemische Reinigungsmittel, so ist auf *gründliches Nachspülen* zu achten. Chemische Rückstände verhindern die Entwicklung der Milchsäurebakterien und erschweren jegliche Weiterverarbeitung.

Melkmaschinen

Für manche mag es erstaunlich klingen, aber es ist eine erwiesene Tatsache, daß *handgemolkene Milch normalerweise die geringsten Keimzahlen* aufweist. Der Grund liegt darin, daß die Milch hier mit der geringsten Oberfläche in Berührung kommt. Mikroorganismen setzen sich besonders in den schwer zu reinigenden Gummiteilen der Melkmaschine fest (unsichtbare Risse) bzw. in den Ecken der Rohrmelkanlage.
Deswegen muß der Reinigung der Melkmaschine besondere Aufmerksamkeit gewidmet werden. Gummiteile müssen jährlich erneuert werden, auch wenn sie noch „gut aussehen". Bei Rohrmelkanlagen ist eine tägliche alkalische und wöchentliche saure Reinigung nicht zu umgehen.
Auch die *richtige Einstellung und ständige Kontrolle der Melkmaschine* sollte eine Selbstverständlichkeit sein, nicht zuletzt aus Gründen der Sparsamkeit. Dies gilt besonders – da noch nicht so geläufig – beim Melken von Schafen und Ziegen.

Empfehlenswerte Einstellung der Melkmaschine

	Kuh	Schaf	Ziege
Vakuum: kPa	45–50	40–43	38–44
Pulsverhältnis			
(Saug- zu Entlastungstakt)	50 : 50 bis 70 : 30	50 : 50	60 : 40
Pulszahl (Doppeltakte/Min.)	50–60	90–120	90

Käsereikammer

Wer erst mit dem Käsen beginnt oder nur geringe Milchmengen verarbeitet, wird dies in der Küche tun. Wo immer aber die Möglichkeit dazu besteht, eine *eigene Käsereikammer* einzurichten, sollte diese ergriffen werden. Abgesehen von den *hygienischen und technologischen Vorteilen*, macht die Arbeit in Ruhe und mit dem genügenden Platz weitaus mehr Freude.

Wo mehr Milch verarbeitet wird bzw. die Produktion einen Betriebszweig darstellt, wird man ohne *eigenen Raum* nicht auskommen.

Der Käseraum sollte nach Möglichkeit
– einen abwaschbaren und säurefesten Boden- und Wandbelag (Fliesen) oder -anstrich haben
– ein Bodengefälle zum Abfluß aufweisen (2%)
– Heißwasseranschluß besitzen
– Fenster mit Fliegenschutz haben
– ausreichend hell und lüftbar sein

Im Anhang finden Sie *Adressen von Firmen*, die zum Teil gebrauchte Molkereigeräte verkaufen. Immer häufiger werden kleine Molkereien mit größeren fusioniert, und Edelstahlgeräte sind unter Umständen günstig zu bekommen. Dies könnte vor allem für Verarbeiter größerer Mengen interessant sein.

Hefen und Schimmel

Spätestens dann, wenn man eine Zeitlang *Frischkäse* herstellt, kommt man mit *Hefen* in Berührung. Eine gelbliche Schichte an der Oberfläche des Käses, ein süßlicher germteigartiger Geruch und Geschmack, dadurch bedingt eingeschränkte Haltbarkeit und anderes mehr, sind typische Anzeichen von starken Kontaminationen mit Hefen.

Während *Schimmel* hauptsächlich aus der Luft in Milch und Käse wandern und sich dort vermehren, stammen *Hefen* vor allem von den Gerätoberflächen sowie Tüchern, Fetzen, Bürsten und Schläuchen.

Wichtig ist neben gründlicher Reinigung (Heißwasser!) gutes Lüften. Die Wände sollten mit schimmelabweisenden Mitteln gestrichen werden.

Hefen und Schimmel zeigen auch bei Kühlschranktemperaturen ungehindertes Wachstum. Der reichlich vorhandene Milchzucker dient den Hefen als Hauptnährstoff. Schimmel zersetzen Fett und Eiweiß.

Während Hefen eher selten gesundheitsschädlich sind, ist beim Auftreten von Schimmeln größte Vorsicht geboten. Dies gilt auch für das Verfüttern von angeschimmeltem Futter! Die produzierten *Toxine* können leicht in die Milch bzw. in das Endprodukt gelangen. *Käse mit Fremdschimmel* sollten im Zweifelsfalle weggeworfen werden (Komposthaufen).

Zum Schluß sei bemerkt, daß Milch, die für Rohmilchkäse Verwendung findet, regelmäßig von der *Lebensmittelbehörde* oder einer anderen Untersuchungsstelle überprüft werden soll. Dies gilt auch dann, wenn die Produkte „nur" selber gegessen werden.

Sämtliche Vorzüge roher Milchprodukte können *durch mangelnde Hygiene* oder unbemerkte Krankheiten der Tiere zunichte gemacht werden.

Bemühen Sie sich um *gute Zusammenarbeit* mit der Lebensmitteluntersuchungsanstalt. Nur so können Sie sicher sein, Ihrer Familie, Ihren Gästen und Kunden ein gutes, gesundes Milchprodukt anbieten zu können.

Saure Milch

Der hohe *gesundheitliche Wert der gesäuerten Milch* ist schon seit frühesten Zeiten bekannt. Sei es Sauermilch, Joghurt, Buttermilch, Kefir oder schwedische Lang-milch, die unterschiedlich schmecken und so verschiedene Liebhaber finden, oder seien es die daraus zubereiteten Speisen. Gesäuerte Milch ist bekömmlich und leicht abführend. Milchzucker wird in Milchsäure verwandelt – bei Kefir wird ein Teil in Alkohol vergoren –, und so wird die Milch für die menschliche Verdauung vorbereitet.

Sauermilch

Saure Milch entsteht ganz einfach, indem wir die Milch ungekühlt stehen lassen. Kuhmilch wird schneller sauer als Schafmilch.
Haben wir einmal *unabsichtlich* saure Milch erhalten, ist diese nicht verdorben, sondern ein köstliches Getränk, besonders an heißen Tagen.
Wollen wir saure Milch herstellen, geben wir – um die natürlich enthaltenen Milchsäurebakterien zu stärken – ca. 1% gute *saure Milch als Ansatz* dazu.
Sterz mit saurer Milch war früher ein beliebtes Frühstück. Sei es, daß man Heidensterz aus Heiden(Buchweizen)-Mehl oder Polenta aus Maismehl ver-wendete.
Will man aus H-Milch, pasteurisierter oder sterilisierter Milch Sauermilch herstellen, müssen wir gleich nach Öffnen des Milchpäckchens eine Kultur in Form von einigen Eßlöffeln (3 bis 5%) guter, saurer Milch zusetzen und das Päckchen bei ca. 15–18 Grad geöffnet im Raum stehen lassen. So sind die Säurebakterien in ausreichendem Maße vorhanden, und die angesiedelten Fäulnisbakterien haben keine Chance mehr, sich zu vermehren.

Saure Milchsuppe

Einfaches Rezept: In saure Milch wird heißes Wasser eingerührt, gesalzen und Kümmel beigefügt und noch einige Minuten auf der warmen Herdplatte stehen gelassen. Angeröstete Brotstreifen oder Schwarzbrotwürfel werden knapp vor dem Verzehr darübergestreut.

Joghurt

Joghurt ist eine herrliche Speise und leicht selbst herzustellen.
Mit Hilfe eines *gekauften gewöhnlichen Joghurts* haben wir auch eine *gute Joghurt-Kultur.* Die Erfahrung zeigt, daß nicht jeder Joghurt zu verwenden ist. So gelingt

Zum Beimpfen verwenden wir ein Glas gut gelungenen Joghurts vom letzten Mal. Die oberste Schicht muß allerdings vorher entfernt werden, da sie besonders viele Hefen enthält.

der Joghurt am besten, wenn wir einen 1%igen, also fettarmen Joghurt als Kultur verwenden. Sollte nach einigen Tagen oder Wochen einmal der Joghurt nicht mehr so gut werden wie zu Beginn der Joghurtherstellung, werden wir wieder neuen Joghurt kaufen.

Verwenden wir *fertigen Joghurt,* so geben wir auf 1 Liter Vollmilch etwa 4 Eßlöffel Joghurt. Es ist zu beachten, daß wir weder die oberste noch die unterste Schicht des gekauften oder des Joghurts vom Vortag verwenden dürfen. In der obersten Schicht sind zu viele Hefen, die die Milch im Geschmack verändern. In der untersten Schicht sind zu viele Säurebakterien, die den Joghurt rasch sauer werden lassen, wie die Praxis zeigt.

Wie erwähnt, verwenden wir für den neuen Joghurt einen Teil des zuletzt gemachten Joghurts. Dabei ist zu beachten, daß der Ansatz-Joghurt im Geschmack und auch in seiner Konsistenz einwandfrei sein muß. Im anderen Fall kaufen wir besser einen neuen Joghurt.

Es gibt in Molkerei-Labors *Joghurt-Starter,* das sind Joghurtbakterien, zu kaufen, oder wir besorgen uns ein Päckchen Joghurt-Ferment in einem Bio-Laden.

Bei den *gekauften Joghurt-Bakterien* verfahren wir am besten so, wie es auf der Packung angegeben ist. Sollte nichts vermerkt sein, wird ca. 3% Joghurtansatz der Milch zugefügt.

Beim Schafjoghurt stellt sich erst am zweiten Tag der typische Schafjoghurtgeschmack ein.

Hier wurde die Joghurtmilch pasteurisiert und kühlt auf Impftemperatur ab. Ein Rühren mit dem Schneebesen wirkt auch gegen die Hautbildung (ausgefallenes Molkeneiweiß).

Die beimpfte Milch füllen wir in vorgewärmte Gläser oder Becher.

Joghurtzubereitung mit Joghurtbereiter

Die Milch und der Joghurtansatz werden gut verquirlt. Dann füllen wir dies in die Joghurtgläser, die gut ausgewaschen sind, und geben alles in den Joghurtbereiter und verfahren, wie die Gebrauchsanweisung es vorschreibt.
Meist läßt man den Joghurt 6 Stunden lang „bebrüten". Das ist deshalb so lange, weil die Milch zuvor nicht angewärmt wurde. Der Joghurtbereiter wird entsprechend der notwendigen Temperatur automatisch eingestellt.

Joghurtzubereitung ohne Joghurtbereiter

Haben wir keinen Joghurtbereiter, werden wir die mit dem Joghurtansatz vermischte Milch auf 45 Grad erwärmen und dann in vorgewärmte Gläser füllen, verschließen und diese in einer *Kochkiste* oder *unter der Tuchent* bei möglichst gleichmäßiger Temperatur 3–4 Stunden ruhig stehen lassen. Wichtig sind die Ruhe und die gleichmäßige Temperatur. Eine genaue Temperaturmessung ist unbedingt erforderlich. Optimal ist die Bebrütungstemperatur von 40–42 Grad.
Eine weitere Möglichkeit ist es, die gefüllten, mit Deckel verschlossenen Gläser oder Becher *im Backrohr*, welches auf 45 Grad aufgeheizt wurde, in ein ebenso warmes Wasserbad zu stellen und 3 Stunden lang stehen zu lassen. Das Rohr kühlt langsam aus und gibt den beiden Joghurtbakterienstämmen die Möglichkeit, sich gut zu entwickeln.

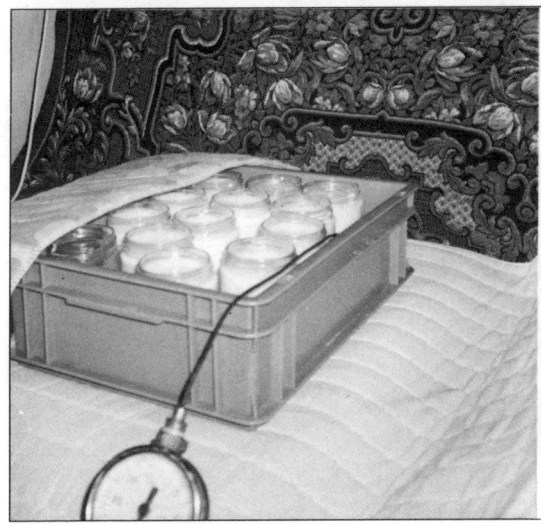

Ein gut bewährter „Joghurtautomat", der gar nichts kostet: Die Kiste (trocken oder als „Wasserbad" mit 43 Grad C warmem Wasser) wird in eine Heizdecke eingeschlagen. Die Gläser lassen wir zur Luftzufuhr offen oder legen den Deckel nur leicht drauf. Vorsicht, daß kein Wasser hineinrinnt! Regelmäßig Temperatur kontrollieren!

Gefäße, Verpackung

Joghurt kann für den Hausgebrauch in einem größeren Gefäß zubereitet werden, oder wir verwenden die üblichen Joghurtbecher. Wir sollten uns jedoch bemühen, Plastikgefäße zu vermeiden, weil nach neueren Erkenntnissen gewisses Plastik von Lebensmitteln, besonders von Milch und Milchprodukten, angegriffen und aufgelöst wird. Vermeiden wir daher, wenn wir die Möglichkeit haben, Plastikbehältnisse und verwenden *Gläser mit Schraubdeckelverschluß*. Sollten wir aber Plastikbecher verwenden, müssen diese für Milch geeignet sein.

Schafjoghurt, eine Spezialität

Wir können aus Schafmilch hervorragenden Joghurt machen. Schafjoghurt wird etwas *weicher, sämiger* sein und den herrlichen Geschmack aufweisen, den die Griechenlandfahrer vom griechischen Joghurt her kennen.

Die ersten Verarbeitungsprodukte: Joghurt, Sauermilch, Butter, Frischkäse.

Ziegenjoghurt

Das Prinzip der Herstellung ist das gleiche, nur wird der fertige Ziegenjoghurt fast flüssig sein. Das liegt am unterschiedlichen Eiweiß der Ziegenmilch.

Übersicht

- Erwärmen der Milch auf 45 Grad C
- Zugabe von Joghurtkultur ca. 3%
- verquirlen und in vorgewärmte Becher oder Gläser abfüllen
- verschließen der Becher oder Gläser (nicht ganz luftdicht)
- warm stellen (bebrüten) bei gleichmäßiger Temperatur von 41–42 Grad C ca. 3 bis 4 Stunden, je nach gewünschter Säure
- sofort abkühlen und kalt stellen

Bei entsprechender Kühlung hält sich der Joghurt 4 bis 6 Tage frisch. Wurde die Joghurtmilch pasteurisiert, hält sich der Joghurt einige Wochen.

Konsistenz

Vom Molkereijoghurt sind wir gewohnt, daß er stichfest ist. Das wird durch Erhitzen der Milch auf über 90 Grad ½ Stunde bzw. durch Zusatz von Milchpulver erreicht. Stellen wir selbst Joghurt her, so wird die Konsistenz normalerweise weicher sein. Durch Pasteurisieren können wir eine gewisse Stichfestigkeit erreichen, ebenso durch Zusatz von Gelatine oder Agar-Agar.

Fehler beim Joghurt

Manchmal beginnt sich der Joghurt zu ziehen. Es handelt sich dabei um schleimbildende Bakterien, die in den Joghurtansatz gekommen sind oder schon vorhanden waren. (Bei einigen gekauften Joghurts möglich.) Dann haben wir zwar keinen reinen Joghurt, aber doch ein herrliches Milchprodukt. Wir können die ziehenden Fäden verrühren oder mit der Schneerute zerschlagen, wenn die Fäden stören.

Zu hohe Temperatur

Wenn die Milch oder das Backrohr zu heiß waren, stockt der Joghurt und flockt aus. Aus dem Joghurt wurde dank der Hitze Topfen. Dieser Topfen abgeseiht, ist als Gewürzkäse gut zu verwenden. Der Topfen ist säuerlicher, als der unter dem Rezept „Topfen" hergestellte frische Topfen. Auch die Molke ist sehr sauer, kann aber genossen werden.

Zu niedere Temperatur

Der Joghurt stockt nicht und muß nochmals erwärmt und bebrütet werden. Vorsicht mit der Nachwärmtemperatur, sie darf nicht zu heiß sein. Meist flockt der Joghurt beim Erwärmen aber aus und kann nur mehr als Topfen verwendet werden.

Kefir

Kefir ist ein im Kaukasus seit vielen tausend Jahren bekanntes und beliebtes Getränk. Sein Name kommt vom türkischen „Kef" (= berauschend) und andererseits von „Kefy", was im Kaukasus so viel heißt wie „beste Qualität". Seinerzeit wurde Kefir aus Schafmilch gemacht. Heute wird er im allgemeinen aus Kuhmilch hergestellt. Die Heilkraft des Schafmilch-Kefir ist beträchtlich. Das hohe Alter der Bevölkerung im Kaukasus wird unter anderem auch dem ständigen Genuß von Schafmilch-Kefir zugeschrieben. Für Kuhmilch-Kefir gilt das gleiche, jedoch mit abgeschwächter Wirkung. Dies ist auf die unterschiedliche Zusammensetzung der beiden Milcharten zurückzuführen.
Die *Vielfältigkeit der Heilwirkung von Kefir* ist besonders von den russischen Wissenschaftlern erforscht worden. So werden Kefir-Heilkuren verordnet bei: Tuberkulose, Typhus, Durchfall oder Verstopfung, Nierenerkrankung, Stoffwechselkrankheiten, Nervenleiden, Magengeschwüren, Blutarmut, Ekzemen und bei Blutdruckunregelmäßigkeiten.
Kefir-Kuren bei den angeführten Leiden schreiben täglich bis zu 1 Liter Kefir vor, um einen Heilprozeß einzuleiten. Sicherlich werden wir bei den angeführten Leiden ohne ärztliche Beratung nicht auskommen. Eine Kefir-Kur kann bis 3 Monate lang dauern. Zur Vorbeugung oder zur Verbesserung des Gesamtzustandes ist Kefir jedenfalls sehr empfehlenswert.
Setzen wir die Milch nur 12 Stunden an, dann wirkt der frische Kefir verdauungsfördernd. Säuert er dagegen 30 bis höchstens 48 Stunden lang, so wirkt er *gegen Durchfall.*

Der *Kefir-Pilz* besteht aus einem Konglomerat verschiedener Hefe- und Milchsäurebakterien, die durch den Kefirbazillus zu karfiolartigen Gebilden zusammengewuchert sind. Er bewirkt, daß sich ein Teil des Milchzuckers in Alkohol umwandelt. Daher moussiert Kefir und kann bis zu 2% Alkohol enthalten. Gekaufter Kefir enthält ca. 0,03% Alkohol (Ethanol). Die Säuerung vollzieht sich schneller bei Temperaturen über 20 Grad. Unter 20 Grad arbeitet der Pilz langsamer, sein Optimum liegt bei 30 Grad.

Wir nehmen *zur Kefir-Herstellung gute Frischmilch*, möglichst in rohem Zustand. Die Milch kann aber auch gekocht werden. Die Säuerung und Gärung der Milch durch den Kefirpilz bewirkt, daß die frische Milch durch andere Bakterien nicht verdorben werden kann. Wir bedenken auch, daß jede Erhitzung der Milch eine Veränderung in der Heilwirkung mit sich bringt und werden daher der *Milchgüte größte Aufmerksamkeit widmen.*

Ein *nußgroßer Kefirpilz* reicht für ungefähr ¼ Liter Milch. Der Kefir-Pilz wird in ein entsprechend großes Einsiedeglas (ein Marmeladenglas mit Schraubdeckel oder eine weithalsige Flasche ist ebenfalls geeignet) gegeben, und darüber wird bis zu 3 cm unter dem Rand die lauwarme Milch (20 Grad) geschüttet. Das Glas wird verschlossen, die Milch kräftig durchgeschüttelt und bei warmer Temperatur stehen gelassen. Kefir verträgt keine Sonnenbestrahlung und keine direkte Ofenhitze. Am besten ist, wir stellen den Kefir zum Reifen in einen Schrank oder decken das Glas nur ab. Nach 12 bis höchstens 48 Stunden – je nach gewünschter Stärke und Intensität – wird der Kefir abgeseiht. Wir verwenden kein Metallsieb, sondern ein emailliertes oder Kunststoffsieb. Das Kefir-Getränk sollte möglichst gleich getrunken werden, weil es sonst noch weiterreift bzw. verdirbt.

Der *abgesiebte Pilz* kommt wieder zurück in das Ansatzglas, wird mit neuer warmer Milch übergossen, geschüttelt und zur Reifung in den Schrank gestellt. So gibt es täglich frisches Kefir-Getränk. Wir machen daher immer nur so viel, wie jeden Tag getrunken wird.

Der Kefir-Pilz muß einmal pro Woche im kalten oder lauwarmen Wasser *gut durchgespült* werden. Dadurch entfernt man Milchsäure, und der Pilz wird aufnahmefähig für frische Milch. Auch das Ansatzglas wird einmal in der Woche gut gereinigt.

Pflegen wir den Pilz nicht, wird er verderben. Wenn der Pilz nicht mit Milch übergossen wird, trocknet er aus. Den Pilz können wir nur kurze Zeit in Wasser aufbewahren, dann verhungert er und wird unbrauchbar.

Betten wir den Kefir-Pilz nicht alle 24 bis 48 Stunden in frische Milch um, so verliert er an Kraft. Er wird weich und schlecht. Manchmal kann er noch gerettet werden, wenn von einem großen Stück Pilz das Innere noch gesund ist. So können wir dieses von der äußeren, weichen Schichte sorgfältig befreien, durchwaschen und gut geputzt wieder als Ansatz verwenden.

Der Kefir-Pilz wächst ständig und verdoppelt sich in wenigen Tagen. So werden wir immer wieder einen Teil weggeben. Wir werden diesen wertvollen Pilz nach Möglichkeit an Freunde weitergeben. Wir können versuchen, einige große Pilzknollen einzufrieren, obwohl es nur selten gelingt, den Pilz über einige Zeit hin zu retten. Meist verträgt er die Kälte nicht. Der Versuch kann allerdings gewagt werden, wenn genügend Pilz vorhanden ist und wir die Pilzkultur über eine längere Zeit ohne Kefir-Bereitung überbrücken wollen. Meist gelingt es bei besonders sorgfältiger Zubereitung, den Pilz nach einigen Tagen wieder zu aktivieren.

Zum Weiterimpfen verwenden wir nur einwandfreien, gut gelungenen und frischen Kefir.

Haben wir jedoch keinen guten Pilz mehr und können auch keinen von Freunden bekommen, so werden wir ein Kefirgetränk kaufen. Einige Kaffeelöffel voll pro Liter genügen als neuer Ansatz. Verwenden wir *Kefiransatz von einem gekauften Kefir*, hält das Kefirgetränk im Kühlschrank längere Zeit, wird allerdings im Geschmack noch etwas intensiver und aromatischer, und der CO_2-Gehalt erhöht sich.

Zum Unterschied von Joghurt müssen wir bei der Bebrütung des Kefir das *Glas fest verschließen*, wenn wir eine gewisse Stichfestigkeit erreichen wollen.

Wollen wir besonders *milden Kefir* machen, müssen wir die Pilzknollen täglich unter dem Wasserstrahl durchspülen und das Ansatzglas auswaschen.

Der Vorteil von Kefir gegenüber Joghurt ist, daß Kefir bei *Zimmertemperatur* zubereitet werden kann. Als Nachteil ist anzusehen, daß bei Verwendung eines Pilzes täglich Kefir entsteht und wir aufpassen müssen, daß der Kefirgenuß nicht zu einem „Muß" wird.

Schwedische Langmilch

Die schwedische Langmilch ist eine sauer gewordene Milch, bei der die schleimbildenden Bakterien vorherrschen. Die Milch dickt bei Zimmertemperatur ein, ohne besonders sauer zu werden und *beginnt Fäden zu ziehen*. Vor dem Essen wird die Milch mit einem Schneebesen zerschlagen, sodaß die Fäden verschwinden. Der Geschmack ist angenehm, die Herstellung einfach: Wir versetzen die Milch mit einigen Eßlöffeln aus der Langmilch vom Vortag und lassen sie bei Raumtemperatur an einem ruhigen Ort 12 bis 24 Stunden lang stehen. Wir sollten dies aber in einem Raum tun, in dem sonst keine Milch aufgestellt wird, weil die Bakterien im Raum sind und jede Milch „befallen"

wird. Es wird nach einiger Zeit auch die Molke Fäden ziehen, oder der Weichkäse fadig werden, wenn man diese im selben Raum stehen hat. Daher bitte
Vorsicht mit diesen Bakterien.

Die schwedische Langmilch ist genauso zu verwenden wie Joghurt, Kefir oder
saure Milch. Sie ist besonders leicht verdaulich.

Langmilch-Ansatz kann man einfrieren und hat so jederzeit eine neue Starterkultur
bereit. Getrocknete Starterkultur wie z. B. bei Joghurt gibt es nicht.

Wird die Langmilch nicht gleich gegessen, wird sie im Kühlschrank gut verschlossen aufgehoben.

Langmilchbakterien entwickeln sich bei 15–30 Grad C und brauchen genügend
Sauerstoff zu ihrer Entwicklung. Bei einer darüberliegenden Temperatur gehen
die Bakterien zugrunde, und man muß einen neuen Ansatz verwenden. Wir
nehmen immer die oberste Schicht als neuen Ansatz.

Taette

Taette ist eine fadenziehende, säuerlich schmeckende Milch, die in den nord-
europäischen Ländern gerne getrunken wird.

Durch *Einlegen von Fettkraut* (Pinguicula vulgaris und Pinguicula alpina) – einer
kleinen fleischfressenden Moorpflanze, die in rauhen Klimazonen wächst – in
die Milch entsteht Taette. Sie wird bei verschiedenen Darmstörungen als Heilnahrung getrunken. *Ida Schwintzer zitiert in ihrem Buch „Das Milchschaf":* „Die
verdauenden Enzyme des Fettkrautes spalten das Milcheiweiß und wahrscheinlich bis zu einem gewissen Grade auch Fette und Kohlehydrate der Milch.
Dies ist ein grundsätzlich anderer Vorgang als jener der Säuerung, bei welcher
das Eiweiß lediglich denaturiert wird" *(Dr. Grandel, Augsburg)*. Ida Schwintzer
fügt dem hinzu: „Das winzige Fettkraut – schon geringste Spuren davon genügen! – bereitet (und das ist der Unterschied zu anderen Sauermilcharten) eine
doppelt vorverdaute Milch, welche den durch Verdauungsschwächen gestör-
ten menschlichen Organismus weitgehend entlastet; hinzu kommen alle anderen bekannten Vorteile der Schafmilch", wenn man die Taette aus Schafmilch zubereitet.

Wie entsteht Taette? Eine Steingutschüssel, die innen rauh ist, wird mit Fettkraut
ausgerieben und die frische Milch hineingegossen. Nach 2 Stunden bereits ist
die Milch sämig und gelblich geworden und schmeckt leicht bitter. Nach
weiteren ungefähr 40 Stunden wird die Taette säuerlich und beginnt Fäden zu
ziehen. Sie bleibt weiterhin sämig.

Der Vorteil der Taette ist, daß sie sowohl süß nach wenigen, als auch sauer nach
40–48 Stunden genossen werden kann. Sie ist als Heilnahrung in nordischen
Ländern beliebt.

Rahm

Der Rahm, das *Fett der Milch*, wird durch Abschöpfen oder Zentrifugieren gewonnen.
Rahm ist das *Ausgangsprodukt für Butter, Sauerrahm, Schlagrahm und Kaffeeobers.*
Rahm wird einigen Käsesorten beigemischt. Um besonders fetten Käse zu erhalten, wird der Vollmilch vor dem Einlaben zusätzlich noch Rahm zugemischt.

Zentrifugieren

Die Milch wird im Wasserbad auf 39–40 Grad C aufgewärmt und sodann mit einer Zentrifuge geschleudert. Bei dieser Temperatur wird sämtliches Fett von der Milch getrennt. Übrig bleibt die *Magermilch,* die noch für Topfen bzw. Quark und ganz magere Käse (Graukäse, Steirerkäse) verwendet wird. Für viele Käsesorten ist ganz magere Milch nicht geeignet, weil der Käse die Form nicht behalten würde. Oft wird, um einen bestimmten Mindestfettgehalt in der Milch zu erzielen, nach dem Zentrifugieren der Magermilch wieder eine gewisse Menge Rahm beigemischt.
Sonst findet die Magermilch noch Verwendung in der Tierfütterung.

Abrahmen

Haben wir wenig Milch und wollen wir neben dem Käse auch etwas Butter erzeugen, werden wir die Milch von Hand abrahmen. Bei manchen Käserezepten wird die Abendmilch mit der Morgenmilch gemischt und durch Abrahmen der Abendmilch eine *halbfette Milch* gewonnen. Dies hat unter anderem den Grund, daß zuviel Fett leicht zu Fehlern führen würde (Gläsler). Beim Abrahmen bleibt selbstverständlich mehr Fett in der Milch als beim Zentrifugieren. Wir stellen dazu die Milch bei 12 Grad C in großen, flachen Schüsseln auf. Nach 12–24 Stunden bei der Kuhmilch bzw. nach 24–36 Stunden bei der Schafmilch wird abgerahmt. Je größer die Oberfläche der Schüssel ist, desto besser steigt der Rahm hoch. Wir ziehen den Rahm mit einem flachen Schöpfer langsam von der Oberfläche der Milch ab. Je später wir abrahmen, desto dicker ist aufgerahmt, desto mehr Rahm entziehen wir der Milch, aber auch desto angesäuerter sind Rahm und Milch.
Es gibt auch eigene Aufrahmgefäße. Das sind flache Schüsseln aus Metall oder Keramik, die am Boden ein Abflußloch haben, bei dem die Magermilch abge-

lassen wird. Ein Steg verhindert, daß der Rahm mitfließt. Der Rahm wird dann mit einer Gummispachtel herausgestrichen.

Schlagrahm

Rahm mit einem Fettgehalt von 30% kann geschlagen werden.

Sauerrahm

Der süße Rahm wird in einem temperierten Raum aufgestellt und mit einem Tuch abgedeckt. Wir können zur besseren und schnelleren Durchsäuerung den süßen Rahm mit etwas Sauerrahm vom Vortag oder mit frischer Buttermilch impfen. Die Säurebakterien werden so schnell vermehrt, und die Säuerung geht in die richtige Richtung.
Sauerrahm ist das Ausgangsprodukt für Butter. Saurer Rahm wird höchstens 4 Tage abgedeckt zusammengespart. Länger sollte es nicht sein, weil sich zu viele Bakterien, Hefen und Schimmel ansetzen und der Rahm nicht mehr geeignet ist, um gute Butter daraus zu machen.

Kaffeeobers

Mit einem Fettgehalt von 15–20 % ist Kaffeeobers am Markt. Dieses wird durch Mischen von Vollmilch mit Rahm im entsprechenden Verhältnis gewonnen.

Eis aus Rahm

Zerdrückte oder gemixte Früchte werden zu gleichen Teilen mit frischem Rahm vermischt. Wir können mit etwas Milch strecken und mit Honig oder Zucker süßen. In der Tiefkühltruhe wird die Masse abgekühlt und währenddessen öfter umgerührt, damit die Masse gleichmäßig friert. Wenn das Eis noch nicht ganz fest, aber schon dick ist, wird es im Mixer oder in der Rührschüssel schnell glattgerührt.
Variationen: verschiedenste Nüsse, Vanille, Schokolade etc. können dazugemischt werden.

Mascarpone

Dieser Käse ist aus der Lombardei bekannt und dem Gervais verwandt. Mascarpone ist sämiger und fettreicher.
Bei 10–13 Grad C wird der angesäuerte Rahm in den Mixer gegeben und im Gegensatz zu Butter, bei der mit langsamster Geschwindigkeit gearbeitet wird, wird hier mit dem schnelleren Gang gemixt. Es bildet sich eine schaumige Masse,

die, etwas stehen gelassen, sich oben absetzt. Diese Masse wird nun abgehoben und zu Kugeln geformt, die in ein feuchtes Tüchlein gewickelt bei 5 Grad C gelagert werden. Mascarpone muß rasch, tagfrisch, verbraucht werden.

Sehr fein abgeschmeckt und vorsichtig gewürzt, ist Mascarpone auf Sandwiches eine Köstlichkeit.

Mascarpone wird für Tiramisù verwendet.

Butter

Aus dem Rahm der Milch wird Butter hergestellt. Ebenso kann der Rahm der Molke verbuttert werden. (Siehe Kap. Molke.)

Übersicht

- Rahm mit Säurewecker impfen (frische, eigene oder gekaufte Buttermilch)
- Rahmtemperatur 12–14 Grad C
- nur einwandfreien Rahm verbuttern
- Butterklümpchen gut verkneten und waschen, bis das Wasser ganz klar ist
- je weniger Wasser in der Butter bleibt, desto besser ist die Haltbarkeit
- die Hände vor dem Kneten zuerst in heißes und anschließend in kaltes Wasser tauchen

Der Rahm wird so lange gesammelt (unter Zugabe von 1–2% Buttermilch als Ansatz), bis sich das Buttern im Butterfaß lohnt (höchstens jedoch 4 Tage). Der *angesäuerte Rahm* wird dann im Butterfaß zu Butter gerührt. Ist der Rahm zu dick, muß etwas Wasser zugefügt werden. Ist der *Rahm zu kalt* gewesen und gelingt es lange nicht, Butter zu bekommen, genügt es meist, einige Löffel warmes Wasser zuzufügen, und die Butterklümpchen werden sichtbar. Wir hören auch am Ton, ob die Butter fertig ist.

Für kleinere Mengen ist es am einfachsten, wir sammeln den Rahm, bis wir ca. 1 Liter haben, und lassen ihn dann im Mixer auf niedrigster Stufe zu Butter rühren. (Nicht alle Mixer eignen sich dazu.) Wir können auch in der Rührschüssel oder mit einem „einseitigen" Handmixer die Butter rühren, nur dauert das meist etwas länger. Jedenfalls können wir ausprobieren, was besser gelingt.

Beachten wir, daß die *Temperatur* nicht zu hoch und nicht zu niedrig ist. Ca. 12 bis 14 Grad ist ideal. Manchmal wird der Rahm nicht zu Butter, weil der Motor des Mixers den Rahm zu sehr aufwärmt. Dann geben wir am besten das Ganze in den Kühlschrank und warten, bis die Temperatur wieder abgesunken ist, und beginnen neuerlich.

Wenn wir den Mixer zu hochtourig eingestellt haben, werden die Butterklümpchen zerschlagen. Dann ist es ebenfalls am besten, wir lassen das Ganze einige Zeit ruhen und versuchen es später wieder mit niedriger Geschwindigkeit. (Siehe auch Mascarpone.)

Nach 5 bis 8 Minuten sollten sich die Butterklümpchen bilden. Sind die ersten Butterabsonderungen zu sehen – der Mixer verändert auch seinen Ton, tönt tiefer als vorher –, kann das Gerät abgeschaltet und mit einer Spachtel oder einem Kochlöffel noch etwas langsam weitergerührt werden, bis sich die Butter zu größeren Klumpen zusammenschließt. Die Buttermilch wird abgeseiht und die Butter unter rinnendem kaltem Wasser ausgewaschen, indem wir die Butter mit der Spachtel im kalten Wasser durchdrücken, bis das Wasser klar ist. Mit ganz heiß und anschließend kalt gewaschenen Händen wird die Butter geknetet und geschlagen, bis das ganze Wasser herausgedrückt ist. Die Butter wird zu Kugeln oder Striezeln geformt, die wir mit einem Löffel oder einer Gabel verzieren. Wir können die Butter auch in eine Butterform drücken und ihr so eine persönliche Verzierung geben. Am besten heben wir die Butterstriezeln in kaltem Wasser auf. Größere Mengen können eingefroren werden.

Eine Spezialität: Schafbutter

Schafmilch sollte nicht zentrifugiert werden, weil der Schafkäse einen gewissen Fettgehalt benötigt, um in Form zu bleiben. Aus Magermilch kann nur mehr Topfen gemacht werden. Sollten wir die Milch zu lange stehen gelassen und zuviel Rahm abgeschöpft haben – in ca. 36 Stunden steigt der ganze Rahm an die Oberfläche –, dann entsteht aus der Milch ein ganz weicher Topfen, der dem Brimsen sehr ähnlich ist.

Schafbutter ist eine feine, weiße, cremige Butter, die sehr empfindlich ist. Offen stehen gelassen hält sie sich nur 1 bis 2 Tage. Sie wird leicht ranzig oder bitter. Im Eiskasten zieht sie schnell alle Gerüche an. Sie schmeckt ganz frisch am besten. Wollen wir dennoch Schafbutter längere Zeit aufheben, so können wir diese nach der Herstellung in ein Glasschüsserl drücken und mit kaltem Wasser bedecken. Das Wasser muß täglich gewechselt werden. So hält sie sich am besten. Schafbutter kann nur für kurze Zeit eingefroren werden, weil sie sich geschmacklich zu stark verändert.

Da bei der Schafmilch nicht immer genügend Rahm auf einmal anfällt, werden wir den Rahm von einigen Tagen sammeln. Dabei werden wir vorsichtig mit dem Rahm umgehen, weil auch dieser sehr rasch verderben kann. Am besten ist, die Tagesmenge in separaten Gläsern aufzubewahren, bis wir die nötige Menge gesammelt haben.

Ich habe festgestellt, daß die Ausbeute an Butter an verschiedenen Tagen unterschiedlich hoch ist. So habe ich mir zur Regel gemacht, vor dem Butter-rühren in den Mondkalender zu schauen. Ich vermeide die Blatt-Wassertage,

Das Beimpfen der Milch mit Milchsäurebakterien. Das Bild zeigt ein einfaches, wirksames Wasserbad, wie im Anhang beschrieben: ein Emailkessel schwimmt in einem Plastikschaff. Mittels je einem Zu- und Abfluß kann die Temperatur genau geregelt werden.

Hier wird die Labmenge mit einem Meßzylinder dosiert. Im Hintergrund das Thermometer fürs Wasserbad. Aus hygienischen Gründen verwenden wir eigene Thermometer für Milch und Wasserbad.

Die Einlabtemperatur hat einen großen Einfluß auf die Entstehung des Käses und soll genau eingehalten werden.

Herstellung von Weich- und Schnittkäse

Wir schneiden mit einem langen Messer in gleichmäßige Quadrate. Das Wasserbad hält die Temperatur.

Mit dem Schneebesen wird der Bruch verrührt . . .

Herstellung von Weich- und Schnittkäse

weil es an diesen Tagen eine zu geringe Ausbeute gibt. Dies nur für diejenigen, die daran glauben und mit dem Mondkalender arbeiten.

Ziegenbutter

Natürlich können wir auch aus Ziegenmilch Butter machen. Wir sammeln den zentrifugierten Rahm, säuern an, und wenn ca. 1 Liter vorhanden ist, wird dieser im Mixer zu Butter gerührt. Ziegenbutter ist wie Schafbutter ganz weiß, weil sie statt Karotin bereits die Endstufe „Vitamin A" enthält.

Herstellung von Butterschmalz, dem sogenannten „Rindschmalz"

Das Ausschmelzen der Butter erfolgt im Wasserbad. Die Einhaltung der Temperaturen ist erforderlich, um ein gutes und lang haltbares Butterschmalz zu bekommen. *Das Wasser des Wasserbades* sollte 40 Grad C haben, und bei dieser Temperatur lassen wir die Butter schmelzen. Dann erhitzen wir das Wasser rasch bis zum Siedepunkt und lassen es einige Zeit bei dieser Temperatur. Der Schaum steigt auf und muß sodann sorgfältigst abgeschöpft werden, bis kein Schaum mehr aufsteigt. Wir gießen kaltes Wasser in das heiße Wasser und kühlen so das Wasserbad auf 40 Grad ab und lassen die geschmolzene Butter in diesem Wasserbad noch ca. ½ Stunde lang stehen. Wir schöpfen nochmals ab und füllen das Butterschmalz, ohne die abgesonderte Buttermilch, in irdene Töpfe.

Salzen der Butter

In einigen Ländern wird die Butter gesalzen und so haltbarer gemacht. Gut ausgeknetete Butter wird auf einem Brett mit 1–3% Prozent Salz vermischt und nochmals *gut durchgeknetet*, in ein Gefäß gedrückt und obenauf mit Salz bestreut und gut verschlossen aufbewahrt.

Buttermilch

Bei der Herstellung von Butter wird die Buttermilch von der Butter getrennt. Diese ist ein köstliches Getränk.

Buttermilch ist gesäuerte Milch und so wie alle anderen sehr gut verdaulich. Buttermilch hat eine leicht abführende Wirkung.

Im Sommer, kühl genossen, schmeckt sie am besten. Man kann auf ein Schüsserl Buttermilch Zimt und Zucker streuen und so eine Milchmahlzeit bereiten. Mit einigen Früchten und Haferflocken vermischt, können köstliche Kaltschalen hergerichtet werden.

Die Buttermilch wird kalt gestellt, wenn wir sie nicht gleich verwenden. Die Buttersäurebakterien breiten sich sonst zu schnell aus, und die Buttermilch verdirbt rasch und wird bitter.

Manchmal gibt es zuviel Buttermilch. Wenn wir selbst Brot backen, können wir diese statt Wasser verwenden. Wenn es sehr heiß ist, sollten wir allerdings keine Buttermilch zum Brotbacken verwenden. Die Buttersäuren könnten das Brot zu rasch verderben.

Buttermilchtopfen I

Aus der Buttermilch können wir den Buttermilchtopfen herstellen. Dazu wird die Buttermilch langsam unter oftmaligem Rühren auf mittlere Temperatur erhitzt, bis die Milch ausflockt; dann auskühlen lassen und abseihen.

Buttermilchtopfen II

3 Liter Milch werden aufgekocht. In die heiße Milch geben wir 1 Liter Buttermilch und rühren, bis sie kurz aufkocht. Wir nehmen den Topf vom Herd, verrühren 1 TL Salz und stellen die Milch ruhig zum Stocken. Im Tuch lassen wir die Molke abrinnen und pressen den Topfen dann noch 24 Stunden.

Buttermilchkäse

1 Liter Buttermilch wird mit etwas Salz und Pfeffer gewürzt. 3 EL Mehl werden mit 1–2 Dottern und etwas süßer Milch abgerührt und in die zu kochende Milch gegeben. Wir können auch geriebenen Bierkäse oder abgelagerten Topfen mitkochen. Die Masse wird in einer Schüssel kalt gestellt.

Molke

Bei der Käseherstellung rinnt die Molke vom Käse ab und wird in Gefäßen aufgefangen. Sei es, daß wir den Käsebruch in ein Tuch binden und aufhängen, wobei wir darunter ein entsprechend großes Gefäß stellen, oder sei es, daß wir den Käsebruch in gelochte Formen geben, die wir auf ein Käsebrett stellen, welches, schräg gestellt, die Molke in ein Gefäß rinnen läßt.
Die Molke ist sehr wertvoll. Sie enthält viele Vitamine, Mineralsalze, Spurenelemente und Enzyme. Molke hat noch einen verhältnismäßig hohen Anteil an Eiweiß. Auf Grund des hohen Lactoseanteils wirkt Molke abführend. Da Lactose Hefen als Nährstoff dient, hat Molke eine begrenzte Haltbarkeit.
Verhefte Molke hat eine weiße, runzlige Haut.
Wir können einiges mit und aus dieser Molke machen. Jedenfalls sollten wir die Molke nicht in den Ausguß schütten.

Molkekur

Dr. Vogel in der Schweiz verordnete bei Zuckerkranken ½ bis 1 Liter Molke pro Tag.

Saurer Brei

Zur Hälfte Buttermilch und Molke werden gemischt, aufgekocht und Mehl, Grütze oder Grieß eingekocht.

Molkesuppe

1 Liter Molke wird aufgekocht, dazu wird 0,15 l Hafer- oder Roggenmehl eingerührt, mit Salz und Kümmel abgeschmeckt, noch etwas kochen gelassen und mit gerösteten Brotwürfeln serviert.

Molkegetränk

Im Sommer ist ein Schluck kalter Molke sehr durststillend. Wer den reinen Molkegeschmack nicht so sehr mag, kann mit Fruchtsäften den Geschmack verändern.

Molke zum Brotbacken

Die Molke eignet sich bestens zum Brotbacken. Sie wird an Stelle von Wasser verwendet, macht das Brot köstlich im Geschmack und läßt es stärker aufgehen. Die Molke sollte aber frisch sein.

Molkebutter

Bei der Hartkäseerzeugung fällt viel Molke an. Überdies gehen viele Fettanteile in die Molke über, weil wir mit höheren Temperaturen verkäsen als bei Frischkäse. Diese Molke kann bei 40 Grad C zentrifugiert werden. Der gewonnene Molkerahm wird anschließend abgekühlt und verbuttert.

Vorbruchbutter

Nach der Hartkäseerzeugung kommt die Molke wieder in den Käsekessel zurück. Die Temperatur wird langsam auf 68–70 Grad C gebracht und nun etwas sehr stark saure Molke hinzugefügt. Dann wird die Temperatur auf 80 bis 95 Grad C (nicht kochen) weiter erwärmt und der nach oben steigende Schaum mit einem flachen Siebschöpfer oder Schaumlöffel abgehoben. Diesen Vorbruch lassen wir 24 Stunden lang stehen und verbuttern dann. Die Ausbeute ist ungefähr 0,5% der Molke. Wir werden uns wegen des hohen Arbeitsaufwandes allerdings überlegen, ob sich das für unseren Betrieb lohnt.

Klarmolke und Zieger

Wird die Molke erhitzt, steigt Schaum, der Zieger, an die Oberfläche. Dieser Schaum ist eine Köstlichkeit. Erhitzen wir die Molke weiter auf ca. 95 Grad, fällt noch das restliche in der Molke verbliebene Eiweiß aus. Nach Erkalten seihen wir das durch ein Windeltuch und haben so eine Art Topfen, den Schotten. Zurück bleibt die Klarmolke. (Siehe auch unter Kapitel Zieger.)

Molke zum Abwaschen

Haben wir Klarmolke hergestellt, können wir etwas von dieser Klarmolke mit einem Schuß Essig dem Geschirrspülwasser beimengen und ersparen uns so das übliche Abwaschmittel. Es ist auch für die Haut sehr gut verträglich.

Klarmolke als Molkebad

1 bis 2 Liter Klarmolke, ins Badewasser geschüttet, ergibt ein herrliches Bad. Das Wasser wird ganz weich, und für die Haut ist es das beste Kurbad. Es muß allerdings gut nachgespült werden, weil die Molke Metallen gegenüber sehr aggressiv ist.

Klarmolke zum Brotbacken

Klarmolke eignet sich ebenso zum Brotbacken wie die Vollmolke. Das Brot erhält aber durch die Klarmolke kaum mehr Eiweiß zugefügt.

Klarmolke als Getränk

Klarmolke ist ebenso wie die Vollmolke ein herrliches Getränk an heißen Tagen. Vollmolke und Klarmolke sind nicht sehr lange haltbar.

Molke als Viehtränke

Haben wir zuviel Molke durch große Mengen Käseherstellung, können wir die Molke wieder den Tieren verfüttern. Schafe und Ziegen lieben die Molke. Zu große Mengen können aber zu Durchfällen führen, da der Wiederkäuermagen nicht für dieses Futtermittel ausgerichtet ist.
Sollte die Molke aber, z.B. wie nach dem Reaktorunfall von Tschernobyl, radioaktiv verseucht sein, dürfen wir diese nicht verfüttern. Dann ist sie allerdings auch für den menschlichen Genuß nicht geeignet.

Molke als Säurewecker

Machen wir täglich Käse, können wir zur Vorsäuerung der Milch etwas Molke der letzten Partie an Stelle von saurer oder Buttermilch beimengen. Voraussetzung ist natürlich, daß die Molke frisch und frei von unerwünschten Bakterien ist.

Zieger, Schotten oder Molkekäse

Wir haben im Kapitel Molke bereits über die Gewinnung von Zieger gesprochen. Wird die Molke erhitzt, sondert sich das restliche Eiweiß als Schaum und grießiger Topfen, Zieger oder Schotten ab. Diesen kann man verschiedentlich verwenden.

Zieger I

Die Molke wird in einem Emailtopf langsam erhitzt. Wir müssen ständig rühren, damit sich das Eiweiß nicht am Topfboden festsetzt und anbrennt. Das ausgeflockte Eiweiß, in der Hauptsache Albumin, wird abgeseiht.

Schottensuppe

Eine Portion Schotten, der frisch und noch nicht abgeseiht ist, wird mit etwas saurem Rahm, Salz und Gewürzen vermischt. Darauf kommt heißes Wasser. Alles wird einige Zeit ziehen gelassen. Dazu ißt man Brotscherzln, altes Brot oder geröstetes Schwarzbrot.

Gewürzzieger

Der gewonnene Zieger wird mit Salz und Gewürzen, z. B. Herbes de Provence, getrockneten Gartenkräutern oder Knoblauch versehen. Man mischt es gut unter und formt kleine Kugeln. Dann läßt man diese rasch trocknen. So entsteht eine harte Kugel, die lange aufgehoben werden und als Reibkäse über die verschiedensten Gerichte, z.B. Nudeln, Reis oder Letscho, gerieben werden kann.

Zieger für Topfenspeisen

Topfenpalatschinken, Topfenknödel und Topfenteig lassen sich ebenso wie mit Topfen mit Zieger herstellen. Man muß nur beachten, daß der Zieger etwas trockener als der Topfen ist.

Schaumspeise

Schöpfen wir während des Erhitzens den aufsteigenden Schaum, den Vorbruch, mit einer flachen gelochten Schöpfkelle ab, so ergibt das, ausgekühlt und nochmals von der abgesetzten Molke getrennt, eine leckere Speise. Durch Zugabe von Zimt und Zucker, Honig oder Marmelade wird die Schaumspeise geschmacklich variiert. Die Schaumspeise muß am selben Tag verzehrt werden.

Ricotta

Zur Molke wird während des Erhitzens ca. 50% Vollmilch zugefügt und vorsichtig weiter erhitzt. Sobald sich das Eiweiß absondert bzw. ausflockt, wird der Topf von der Feuerstelle weggenommen und ca. eine Stunde überkühlen lassen. Später seihen wir das Ganze in ein Windeltuch ab und lassen die Klarmolke abrinnen (ca. 2 Stunden). Wenn der Ricotta fertig ist, wird er gesalzen, zu Kugeln geformt, die man auf einen Teller oder in eine Form drückt, oder aber er wird in Becher abgefüllt.

Zieger II

Wenn der Vorbruch (aufsteigende Schaum) abgeschöpft ist, wird nochmals 2% gesäuerte Molke dazugegeben und die Temperatur langsam gesteigert, bis am Topfboden die Molke zu kochen beginnt. Jetzt stellen wir den Topf gleich weg. Der Zieger wird nach Überkühlen ausgeschöpft oder abgeseiht. Aus 100 l Molke erhalten wir ungefähr 7–8 kg frischen oder 2–3 kg gepreßten Zieger.
Ziegerkäse wird auch oft frisch mit Salz zu Kartoffeln gegessen.

Zieger III

Der Zieger, der früher Glarner, Schabzieger oder grüner Kräuterkäse genannt wurde, ist heute fast nur mehr in der Erinnerung bekannt. Hier das Rezept, das ich in einem alten Buch gefunden habe:
Früher lieferten die Senner den Zieger schon teilweise vergoren ins Tal zu den „Ziegermüllern". In der Käsemühle oder Ziegermühle wurde der Zieger zermahlen. Dieser Zieger wurde nun mit Salz und halb so vielen getrockneten Kräutern (Blätter des Ziegerklees – Melilotus caeruleus) vermischt. Auf 100 kg Zieger rechnete man 4–5 kg Salz und 2–3 kg Klee. Nun wurde der Käse geformt und gelagert. Nach 2–6 Monaten war der Käse zu essen. Die vollständige Reifung war aber erst nach einem Jahr erzielt.

Ziegerlkas

Im Mühlviertel war dieser Käse zu Hause. Molketopfen (Zieger) oder Topfen wurde gesalzen, zu Laibchen geformt und auf einem Brett zum Trocknen aufgestellt. Waren die Käschen abgetrocknet, gab man sie in einen irdenen Topf und deckte diesen mit einem feinen Leinentüchlein ab. Der Topf wurde an einem warmen Platz in der Küche aufgestellt. Nach einiger Zeit reifte der Käse durch, wurde mit einem Löffel herausgehoben und als Brotaufstrich gegessen.

Schottensyk oder Molkensyk (Schweiz)

Langsam, unter ständigem Rühren, wird die Molke vorsichtig erwärmt, bis sie leicht wallt. Vorsichtig kochen wir weiter, bis die ganze Flüssigkeit verdunstet ist und eine karamelartige Paste im Topf bleibt. Nun wird der Topf in kaltes Wasser gestellt und weiter gerührt, bis der Käse abgekühlt ist. Der goldbraune, feste Käse wird in eine gelochte Form gedrückt und noch 1 bis 2 Tage zum Festigen aufgestellt.

Mysost (Skandinavien)

Molke von Labkäsen wird eingedickt, bis eine schokoladebraune Masse entstanden ist.

Käserezepte

Die nachfolgenden Käserezepte sind zum Teil selbst ausprobiert, von Freunden und Käsereimeistern übermittelt oder in der verschiedensten Literatur gefunden worden. Es gibt daher oft von einer Käseart 2 oder 3 gleichartige Rezepte mit mehr oder weniger großen Unterschieden in der Bearbeitung, oft nur mit ganz geringen Abweichungen zum Grundrezept. Aber gerade die *kleinen Abweichungen* machen die *geschmacklichen Unterschiede* aus und geben die spezielle Note.

Wir können Käse nach den verschiedensten Rezepten herstellen. Die Rezepte können uns anregen, den eigenen Möglichkeiten entsprechend, diese abzuwandeln und so eigene Käsekreationen auf den Tisch zu bringen, eigenen Käse mit ganz spezifischem Geschmack und Qualitätsmerkmalen herzustellen.

Es gibt im Rezeptteil ganz einfache Käse und auch recht komplizierte Käsearten, die für den bäuerlichen Betrieb zu aufwendig sind. Diese schwierigen Käsearten sind aber dennoch wichtig zu erfassen, damit wir selbst erfahren lernen, daß sowohl *Käse aus Bauernhand* als auch der aus der Molkerei seinen ganz spezifischen Platz im Lebensmittelangebot hat und immer haben wird. Vielleicht werden wir auch ein gewisses, nicht besonders angenehmes „Konkurrenzdenken" abbauen können, wenn wir unseren eigenen Käse mit der eigenen „Hofmarke" herstellen, den kein anderer im gleichen Geschmack zustandebringen kann.

Käsen ist keine Hexerei. Es läßt sich erlernen wie das Kochen auch, und es macht Freude. Beginnen wir mit den einfachen Rezepten und steigern wir unser Können, indem wir später auch Weich- und dann Hartkäse machen lernen. Bedenken wir aber immer dabei, daß noch kein Käse-Meister vom Himmel gefallen ist und daß viel *Beobachtungsgabe* und *Erfahrung* dazugehören, um wirklich Meister zu werden.

Wir wünschen viel Erfolg und gutes Gelingen mit den Rezepten!

Frischkäse

Voraussetzungen zur Herstellung von Frischkäse

Wie schon aus den vorangegangenen Kapiteln ersichtlich, ist die beste Voraussetzung für das Gelingen von Frischkäse eine *gute Milch*. Weiters ist eine wesentliche Voraussetzung die *Hygiene*, die jeweils *richtige Temperatur*, verschiedene Geräte zur Herstellung von Käse und ein gutes *„Umweltklima"*. So sagt der Geruch eines Käseraumes viel über die Güte des Käses aus.
Es kann jede Milch, die den bereits beschriebenen Voraussetzungen entspricht, für den Frischkäse verwendet werden.
Die Temperatur der Milch beim Einlaben spielt eine wesentliche Rolle und wird bei Käserezepten jeweils angegeben. Es ist weiters die *Raum- und Reifungstemperatur*, die eigene *Erfahrung*, die Milchgüte und die Art der Behandlung ausschlaggebend für das Gelingen des Käses.
Verweisend auf das Kapitel *„Hygiene"*, möchte ich hier nochmals erwähnen, daß die eigene Hygiene eine wesentliche Voraussetzung für das gute Gelingen des Käses ist. Was nützt die beste, sauberste Milch, wenn wir dann selbst beim Käsen durch schmutzige Hände oder Geräte die Milch verunreinigen.

Geräte zur Herstellung von Frischkäse

Für die anfängliche Herstellung von Frischkäse sind keine neuen Geräte erforderlich. Für den Beginn kommen wir mit dem aus, was ohnedies in jeder Küche vorhanden ist:

> *Milchtopf oder Milchschüssel*
> *Tücher* (reine Windeltücher, Nesseltuch)
> *Schöpfer*
> *Messer*
> *Sieb*

Erst wenn wir an eine größere Menge, an eine laufende Herstellung von Frischkäse denken, sollten wir uns auch überlegen, welche Form der Käse haben soll und in welchem Umfang wir die Käseherstellung bewerkstelligen können. Es muß dann eine ausreichende Anzahl Käseformen angeschafft oder selbst gemacht werden. Der Milchtopf und der passende Deckel müssen die entsprechende Größe haben. Wir werden einen eigenen Raum für die Käseproduktion einrichten, ihn entsprechend den Vorschriften der Lebensmittelbehörde verfliesen, Wasser einleiten, Regale und Käsebretter anschaffen, Wannen

Käsegerät für den Hausgebrauch: Milchtopf, Tonkanne, Meßbecher, Labflasche, Thermometer, Kochlöffel, einfache Käseharfe, Plastikform für Geheimratskäse.

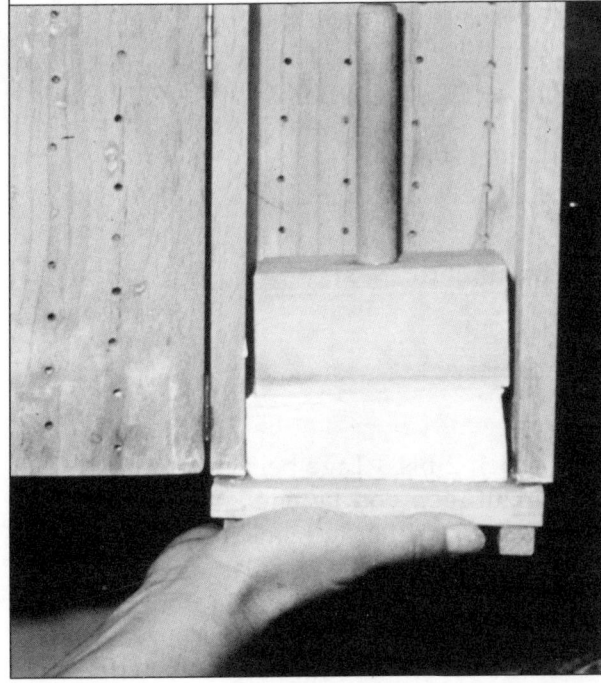

Gelöcherte Holzform für Ziegelkäse: Verarbeitungsmenge: 1–3 l Milch.

für die Molke besorgen, einen Kühlschrank bereitstellen und einen Reifungs-keller einrichten.

Fassen wir zusammen: Wenn wir eine größere Frischkäseproduktion beabsichti-gen, werden wir entsprechend der täglich zu verarbeitenden Milchmenge fol-gende Geräte und Einrichtungen benötigen:

Milchtopf und Deckel	*Flachschöpfer*
Messer oder Käseharfe	*Tücher zum Bedecken oder Käsehaube*
Molkeabtropfwannen	*Zerstäuberflasche*
Abtropfbretter	*Kühlschrank*
Milchbecher	*Reifungskeller oder -raum*
gelochte Käseformen	*Regale*
Käsebretter	*Verpackungsmaterial*
Schöpfer	*Fliegengitter*
Thermometer	*Waage*
Pipette oder Tropfenspender	*Käsepresse*

Wenn wir uns damit beschäftigen wollen, Käse selbst herzustellen, sollten wir nach einer Milchgüteprobe (siehe Anhang) einfach einmal damit beginnen, aus einer kleinen Menge Milch (1–3 Liter) Frischkäse oder Topfen herzustellen. Es kann, wenn die Milch gut ist, kaum etwas danebengehen.

Allgemeine Anleitung zur Herstellung von Topfen

Übersicht

- Milch sauer werden lassen
- erwärmen, bis sich der Topfen absondert
- abseihen
- eventuell pressen

Sauermilchtopfen

In der Milchschüssel lassen wir die Milch 2 bis 3 Tage bei Zimmertemperatur stehen und sauer werden. Durch Hinzufügen von bereits guter saurer Milch oder Molke können wir die vorhandenen Milchsäurebakterien vermehren, sodaß die Säuerung schneller vor sich geht und die übrigen Bakterien der Milch, die nicht erwünscht sind, unterdrückt werden. Der Raum, in dem die Milch aufgestellt wird, soll ca. 20 bis 22 Grad haben, damit sich die Milchsäurebak-terien schnell ausbreiten können und so die Milch sauer und dick wird.

Ist die Milch sauer, wird unter vorsichtiger Erwärmung im Wasserbad so lange gerührt, bis die Milch ausflockt und sich die Molke absetzt. Nun gießen wir alles in ein Sieb oder in ein über ein Sieb gelegtes Windeltuch und lassen die Molke abrinnen. Das Windeltuch fassen wir an den 4 Ecken zusammen, binden es mit einer Schnurschlinge zusammen und hängen es über einer Schüssel auf, die die ganze noch abrinnende Molke aufnehmen kann. Wir können den Topfen auch noch drücken oder pressen, damit er trockener wird. Eventuell verwenden wir dazu eine Käsepresse, was aber im allgemeinen nicht notwendig ist.

Nach einigen Stunden ist der Topfen fertig und kann gleich gegessen werden. Als Geschmacksverbesserung kann er gewürzt oder mit Kräutern versetzt werden.

Der Topfen ist frisch am besten. Sollten wir zuviel Topfen produziert haben, setzen sich gerne durch langes Lagern Hefepilze an. Dem kann durch eine entsprechende Verpackung (fast luftdicht) und Kühlung auf 5 Grad abgeholfen werden. Ab dem zehnten Tag ist aber der Topfen zu alt. Wir sollten also immer nur so viel Topfen machen, als auch gleich gegessen oder weiterverwendet werden kann.

Topfen kann eingefroren werden, am besten in entsprechend kleinen Portionen.

Wir können aus dem Topfen aber auch den sogenannten Kochkäse oder abgekochten Käse machen. (Siehe unter Kochkäse.)

Allgemeine Anleitung zur Herstellung von Labtopfen und Frischkäse

Übersicht

- ansäuern mit 1–3% Säureweckerkultur
- Inkubationszeit von ¼ bis 1 Stunde
- erwärmen auf Einlabtemperatur von 19–26 Grad C
- einlaben mit 1–6 Tropfen/l oder 1–2 ml/10 l Milch
- Dickungszeit 3–36 Stunden
- eventuell Bruchbearbeitung: schneiden, verschöpfen oder umleeren
- abfüllen in Formen oder Tuch
- Entmolkung meist einige Stunden
- eventuell salzen
- kühlen

Topfenherstellung mit Labzusatz

In die Milch, eventuell die Abendmilch gemeinsam mit der Morgenmilch, wird am Morgen etwas Butter- oder Sauermilch eingerührt (1–3%, je nach gewünschter Säuerung). Nach ¼ bis 1 Stunde wird die Milch bei ca. 22 Grad mit Lab versetzt und gut umgerührt. Dann wird die Milch zugedeckt stehen gelassen, bis sie dick ist. Das ist je nach Temperatur und Labmenge verschieden. Wir messen 6 Tropfen Flüssiglab (1:15.000) pro Liter Milch. Im Sommer ist das aber zu viel, dann werden wir mit 2–3 Tropfen auch auskommen. Je langsamer die Dickungszeit ist, desto besser ist die Ausbeute. In 4 bis 5 Stunden ist die Milch so dick, daß sie geschnitten werden kann.

Wann ist die Milch dick genug?

Es gibt mehrere Arten, um festzustellen, ob die Gallerte oder Dickete fest genug ist, um sie schneiden zu können.

Messerprobe

Wir führen einen Messerrücken schräg in die Gallerte und heben das flach gewendete Messer langsam heraus. Wenn der Bruch glatt auseinanderfällt, dann ist er richtig.

Fingerprobe

Käsereimeister machten die Schnittprobe früher mit dem Finger, oder sie drückten die Milch vom Rand weg. Sie spürten so die Festigkeit des Bruchs.

All diese Proben kann man schlecht über ein Buch alleine vermitteln. Es muß die Erfahrung dazukommen. Im Laufe der Zeit bekommen wir durch Beobachtung selbst am besten heraus, wann die Gallerte richtig ist.

Schneiden der Gallerte

Beim Schneiden der Gallerte müssen die Schnitte sichtbar bleiben und Molke muß sich gleich absetzen.
Mit der *Käseharfe* werden 2–4 cm breite Würfel geschnitten, und die Molke sondert sich noch weitere 2 bis 4 Stunden ab.
Haben wir keine Käseharfe, verwenden wir zum Schneiden der Gallerte ein *langes Messer*, das wir langsam im Abstand von 2–4 cm durch die Masse ziehen.

Die Messerprobe: Deutlich sieht man die Festigkeit der Gallerte.

Wir schneiden längs und quer und zum Schluß noch in zwei Richtungen flach schräg, um die Säulen in Würfel zu schneiden.

Bei manchen Rezepten wird kein Bruch geschnitten, sondern es wird die Gallerte mit einem Flachschöpfer oder einer größeren Schöpfkelle *verschöpft*.

Haben wir zu früh geschnitten, geht zu viel „Staub" in die Molke. Die Molke wird trüb, und die Ausbeute ist gering.

Haben wir zu spät geschnitten, setzt sich die Käsemasse als ganzes bereits im Topf ab. Der Bruch verbindet sich dann schlecht, wenn wir diesen in Käseformen abfüllen, und läßt die Molke schwerer abrinnen. Wir müssen diesen Bruch dann in den Formen pressen, um noch eine gewisse Verbindung im Käse zu bewirken. Der Käse bleibt grob bröckelig, ist aber zum eigenen Verzehr bestens geeignet.

Abschöpfen des Käsebruchs

Wird der Bruch in Käseformen, Tücher oder Becher abgeschöpft und stehen gelassen bzw. aufgehängt, kann die Molke weiter abrinnen, bis der Käse beim Umstürzen die Form behält. Die Dauer ist wieder abhängig von der Raumtemperatur. Diese soll ca. 15 bis 18 Grad betragen. Es kann auch gepreßt werden, damit schneller und mehr Käsewasser (Molke) herausrinnt und der Topfen trockener wird.

Wir haben nun schon einen Käserohling hergestellt, den wir weiter veredeln oder gleich so als Topfen essen können.

– Ungesalzen, aus Schaf- oder Ziegenmilch, ist dieser eine begehrte Diätnahrung für Magen-, Darm- und Leberleidende.
– Veredelt mit Salz, Gewürzen und Kräutern, ergibt der erste selbstgemachte Topfen einen köstlichen Brotaufstrich.
– Trockener Topfen wird zu Topfentorten, Kuchen, Knödel und sonstigen Topfenspeisen verarbeitet.

Topfenrezepte

Topfen ist wohl der einfachste Käse, den wir herstellen können. Es gibt daher auch sehr viele abgewandelte Rezepte, oft mit nur ganz feinen Unterschieden. Die gesammelten Varianten geben eine kleine Vorstellung davon, wie vielfältig das Verkäsen sein kann, auch wenn wir nur ein einziges Produkt herstellen wollen. Die Varianten können auch Anregung für das eigene Probieren sein, vor allem dann, wenn man Anfänger ist. Wir bekommen leichter ein Gefühl, welcher Käse nach welchem Rezept gut gelingt und am besten schmeckt. *Viel Spaß beim Topfenherstellen!*

Magermilchtopfen I

Pasteurisierte Magermilch wird abgekühlt und bei 20–22 Grad C mit 1% Säurewecker (Buttermilch) versetzt bzw. „geimpft". Eventuell kann etwas Lab beigegeben werden. Die Milch soll sehr langsam dick werden, daher die niederen Temperaturen und die nur geringe Labmenge. Die Milch soll 12–24 Stunden die Temperatur halten. In dieser Zeit wird die Milch dickgelegt sein. Nach der Schnittprobe wird die Gallerte grob geschnitten (2–3 cm) und nach 30 Minuten bereits in Tücher oder Leinensäcke abgefüllt. Diese gefüllten Säcke hängen wir zum Abtropfen der Molke in einen Raum, der 15–20 Grad C haben soll. Der Käsebruch wird öfter in den Tüchern gewendet, damit er gleichmäßig trocken wird. Nach 6 Stunden kann der Topfen, in den Tüchern bleibend, gepreßt werden.

Magermilchtopfen II

Rohe, sehr gute Magermilch wird auf 30–34 Grad C erwärmt und mit 2–4% Säurewecker und etwas Lab versetzt. Bereits nach 4–6 Stunden ist die Milch

. . . und langsam bis auf die erwünschte Größe gebracht.

Nachwärmen. Damit der Bruch sich nicht festsetzt, muß gleich wieder gerührt werden.

Herstellung von Weich- und Schnittkäse

Griffprobe: Einige Bruchkörner in die Hand nehmen. Wenn sie locker auseinanderfallen, ist der Bruch reif zum Abfüllen.

Eine einfache Abfüllmethode: Nesseltuch in die mit kochendem Wasser desinfizierte Abwasch legen und das Bruch-Molken-Gemisch hineinleeren. Achtung: Auf umweltverträgliche Molken-Entsorgung muß geachtet werden!

Herstellung von Weich- und Schnittkäse

geronnen. Wir lassen die Gallerte dick werden und schneiden nach der Schnittprobe den Bruch (2–3 cm Abstand). Nach einiger Zeit, wenn sich etwas Molke abgesetzt hat, wird der Bruch auf 35–40 Grad C nachgewärmt, wobei die Masse vorsichtig gerührt werden muß. Sodann wird der Bruch in Tücher abgefüllt, etwas abtropfen gelassen und anschließend gepreßt, bis der Topfen die richtige Konsistenz hat.

Labtopfen

Frische, gute Rohmilch wird mit Säurewecker, entweder Buttermilch oder frischer, säuerlicher Molke (1–3 EL/1 l Milch), geimpft. So wird die Milch zur Ansäuerung ca. 30 Minuten stehen gelassen. Anschließend wird vorsichtig im Wasserbad auf 38 Grad C erwärmt. Dann wird eingelabt mit 6–8 Tropfen Lab (1 : 15.000) und noch gut verrührt. Die Milch wird zugedeckt und an einem warmen Ort ca. 2 Stunden stehen gelassen, bis die Gallerte fest genug ist. Über ein Sieb, das auf einem Topf hängt, der die Molke aufnehmen soll, legen wir ein Seihtuch und schöpfen nun mit dem Flachschöpfer Stück für Stück von der Gallerte hinein. Wir schichten dabei vorsichtig um. Wir fassen die 4 Zipfel des Seihtuches, binden sie mit einer Schnur zusammen und hängen die „Käse-Kugel" über dem Topf auf. Nach etwa 24 Stunden wird die gesamte Molke abgelaufen sein, und der Topfen wird aus dem Tuch genommen. Der Topfen wird entweder gleich gegessen oder in Wachspapier eingewickelt und 1–2 Tage reifen gelassen, oder er wird luftdicht verpackt im Kühlschrank bei 5 Grad C einige Tage bis zum Verzehr aufbewahrt.

Fetter Rahmtopfen

1 Liter Vollmilch und 1 Liter Rahm werden gemischt und mit 3 EL Butter- oder Sauermilch als Säurestarter versetzt. Nach einer halben Stunde wird langsam auf 24 Grad C erwärmt, und dann werden 6 Tropfen Lab hinzugefügt und gut umgerührt. Abgedeckt lassen wir den Topf in einem temperierten Raum bei 20–25 Grad C stehen. Die Milch soll langsam durchsäuern und erst nach 8–12 Stunden dick sein. Dann wird die Gallerte geschnitten, nach 15–20 Minuten Pause in ein Seihtuch gegeben und in einem kühlen Raum zum Abtropfen aufgehängt. Der Topfen wird mehrmals im Tuch gemischt und wieder aufgehängt. Dies geschieht, damit die Molke gut und gleichmäßig abtropfen kann. Wenn der Topfen trocken genug ist, ist er fertig und kann gleich gegessen werden.
Der Topfen kann im Seihtuch auch gepreßt werden. So ist er schneller fest, wird trockener und hält länger.

Sauermilchtopfen/Buttermilchtopfen

Wer hat nicht schon einmal angesäuerte Milch irrtümlich erhitzt oder gekocht und so einen „Topfen" erhalten? Hier nun ein Rezept für den Fall, daß eine stark angesäuerte Milch zu einem guten Topfen verarbeitet werden soll.

Die saure oder geronnene Milch wird schonend auf 38–45 Grad C gebracht und bei dieser Temperatur so lange gerührt, bis sich der Topfen gebildet hat. Höhere Temperaturen machen den Topfen trocken, bröckelig und hart. War die Milch zu sauer, wird weniger Ausbeute das Ergebnis sein.

Aus Buttermilch können wir ebenfalls nach diesem Rezept Topfen herstellen.

Kefirtopfen

Bei 34 Grad C wird die Milch mit 6–9 Tropfen Lab eingelabt. Die Milch dickt sehr rasch ein, und der „Käsekuchen" zieht sich zusammen. Wir geben diesen Käsekuchen in ein Abtropfsieb, wenden ihn nach kurzer Zeit, und bald ist der Topfen fertig und wird gesalzen.

Wenn der Topfen trocken ist, fügen wir noch etwas Kefir hinzu und mischen ihn gut durch, eventuell mit dem Mixer. Ein sämiger, feiner Topfen ist in kürzester Zeit gelungen.

Appetitkäse

Milch wird bei 32 Grad C eingelabt und, wenn sie dick ist, geschnitten. In einem Tuch wird der Topfen zum Trocknen aufgehängt. Nach 24 Stunden wird der Topfen in 2 Teile geteilt und gesalzen und einmal mit Paprika, ein Teil mit Kümmel oder Kräutern gemischt. Nun wird der Topfen in flache Kastenformen gedrückt, welche mit feuchtem Pergamentpapier ausgeschlagen wurden. Wenn der Topfen etwas trockener geworden ist, wird die Form abgehoben und der Käse mit einem Faden in schmale Streifen geschnitten. Nun legen wir, dicht an dicht, abwechselnd die verschiedenen Topfen zu einem Käseziegel zusammen und servieren ihn, oder wir verpacken den Käse und lagern ihn sehr kühl.

Vollmilchtopfen (Schnelltopfen)

In die heiße Milch (ca. 80 Grad C) wird etwas Zitronensaft (1 KL auf 5 l Milch) eingerührt. Wir lassen die Milch am Herdrand stehen, bis sie dick genug ist, das ist, wenn die Molke beginnt sich abzusetzen. Dann legen wir ein Tuch in ein Abtropfsieb, hängen dieses über einem Topf auf, der die Molke aufnehmen soll, gießen die Käsemasse in das Sieb und lassen die Molke abfließen.

Wir können das Rezept abwandeln, indem wir Magermilch oder halbfette Milch verwenden.

Weiterverarbeitung von Topfen zu speziellen Käsen

Es ist hier nochmals zu erwähnen, daß nur ein *einwandfreies Ausgangsprodukt* einen einwandfreien Käse ergeben kann. Ein hefiger oder schimmeliger Topfen kann keinen guten Käse mehr ergeben! Wir müssen also für die nachfolgenden Rezepte immer frischen Topfen verwenden.

Topfen aus Magermilch verhält sich bei der Weiterverarbeitung anders als Topfen aus Vollmilch. Sollte einmal ein Rezept nicht so gut gelingen, wie wir es uns vorgestellt haben, dann versuchen wir einen anderen Topfen zu nehmen. Meistens wird mit Magermilchtopfen gearbeitet, wenn nicht ausdrücklich anders angegeben ist. Das kommt daher, weil früher immer der Rahm verkauft wurde und die Magermilch am Hof blieb und weiterverarbeitet wurde.

Liptauer

Topfen wird mit Salz, Kümmel, Paprika, feingehackter Zwiebel oder Schnittlauch, eventuell mit kleingeschnittenen sauren Gurkerln, Knoblauch oder Kapern vermischt. Wir können auch Rahm oder Butter untermischen, um ihn sämiger zu machen. Er wird nett verziert angerichtet und ist ein köstlicher Brotaufstrich.

Verbesserung von fehlerhaftem Topfen

Ist der Topfen einmal optisch nicht ganz gut gelungen oder viel zu trocken, können wir etwas Sauerrahm zufügen, gut durchrühren oder mixen, ihn gleichzeitig mit Gewürzen geschmacklich aufwerten und als Brotaufstrich servieren.

Topfenvariationen

– Unter Zugabe von Gewürzen können wir Kümmel-, Pfeffer- oder Paprikatopfen herstellen.
– Abgemischt mit den verschiedensten frischen oder getrockneten Kräutern, können wir die eigene Phantasie walten lassen und so immer neue Topfensorten auf den Tisch stellen.
– Mit Früchten, Marmelade oder Honig stellen wir süßen Topfen für Desserts her.

Quargel

Topfen aus Voll- oder Magermilch wird gepreßt. Wenn er ziemlich trocken ist, wird er mit 3% Salz und Kümmel vermischt und gut durchgeknetet. Dann werden Laibchen geformt, die 1 cm hoch sein und 4 cm im Durchmesser haben sollen. Die Laibchen werden auf ein Brett gelegt und gut getrocknet. Wenn sie schon ziemlich hart sind, werden die Käschen mit gesalzener Molke gewaschen und eng aneinander in ein Kistchen gelegt. Die Käse werden täglich gewaschen, bis die Quargel gelb werden. Dann reifen sie 4–6 Wochen lang.

Um einen pikanten, würzigen Geschmack zu erzielen, können die Quargel auch mit gesalzenem Bier abgewaschen werden.

Kochkäse I

Wir verwenden zum Kochkäse möglichst trockenen Magermilch-Topfen. Wichtig ist zu wissen, daß durch das Kochen des Käses gewisse Vitamine zerstört werden und wir deshalb nur dann Kochkäse machen, wenn wir zuviel Topfen bereitet haben oder eine Geschmacksvariante herstellen wollen.

Für je 1 kg Topfen benötigen wir ca. ¼ l Milch und eventuell 1 Eidotter.

Der Topfen wird in eine möglichst große, flache, emaillierte Rein an den lauwarmen Rand des Herdes bzw. an einen sonstigen warmen Platz in der Küche gestellt. Wir decken den Topfen mit einem Windeltuch ab, sodaß keinerlei Fliegen dazukommen können, der Topfen selbst aber noch Luft erhält, die er benötigt, um zu reifen. Täglich rühren wir den Topfen um, damit er gleichmäßig „durch" wird. Sind im Topfen zu große Brocken, können wir diese gleichzeitig zerbröseln. War der Topfen besonders hart und großbröckelig, sollten wir ihn vor dem Aufstellen durch den Fleischwolf lassen, damit er dann besser gleichmäßig reifen kann. Wir lassen den Topfen so lange stehen, bis er durch und durch glasig ist. Er darf aber keinesfalls schwarzen oder gelben Schimmel angesetzt haben. Dann wäre er verdorben und ungenießbar.

Ist der Topfen gleichmäßig durchgereift, geben wir ihn in eine emaillierte Rein und rühren ihn auf schwacher Herdstelle so lange, bis er warm ist. Dann geben wir die angewärmte Milch, Salz und etwas Kümmel dazu, rühren kräftig weiter und bringen das Ganze zum Kochen. Gleichzeitig beginnt der Topfen zu schmelzen. Wir müssen vorsichtig sein, damit sich der Käse nicht anlegt oder anbrennt.

Etwas überkühlt, rühren wir eventuell ein Eidotter ein und streichen ganz glatt. So wird der Käse gelb. Nun gießen wir in eine Keramik- oder Glasschüssel kaltes Wasser und schwenken diese damit gut aus. Wir füllen den Käse noch warm ein und stellen die Schüssel kühl. Natürlich decken wir die Schüssel wegen der Fliegen am besten mit einem Windeltuch ab.

Wird der Kochkäse kalt, soll er eine Haut gebildet haben. Wenn wir dann mit einem Löffel oder Messer eine Portion Käse herausstechen und etwas warten, sollte der Käse wieder gleichmäßig verronnen sein. Der Kochkäse soll so weich sein, daß er vom Brot rinnt, wenn wir zu viel aufgetürmt haben.

Kochkäse II

Trockener Sauermilchtopfen wird in einer flachen Schüssel 1 cm hoch ausgebreitet. Die Schüssel wird mit einem Tuch abgedeckt und an einem warmen Ort, z. B. am Herdrand, stehen gelassen. Täglich wird der Topfen umgerührt, kontrolliert und wieder ausgebreitet. Nach 3–6 Tagen ist der Topfen durch und durch glasig. Fett – auf 1 Kilo Käse rechnen wir 100 g Fett (Butter oder Margarine) – lassen wir in einer Rein heiß werden, geben den Topfen hinein, salzen, geben ganzen Kümmel dazu und rühren die Masse, bis sie kocht. Wir lassen den Käse ¼ Stunde kochen und geben dann ⅛ Liter Milch oder Rahm und ein Ei dazu. Um den Käse fester zu machen, können wir auch etwas Mehl zum Binden dazurühren. Wir lassen nun den Käse nochmals kurz aufkochen und schütten ihn noch warm in eine mit kaltem Wasser ausgeschwenkte Schüssel. Der Kochkäse bildet eine Haut. Wenn wir von dem Kochkäse einen Teil entnehmen, so soll der restliche Käse wieder in der Schüssel ganz verrinnen, dann ist er richtig.
Bei diesem Rezept kann das Ei weggelassen werden.
Statt Topfen kann auch Quargel oder reifer Handkäse verwendet werden.

Glundner Kas (Kärnten)

1 kg Topfen, 10 dag Butter oder Butterschmalz, Salz, Kümmel.
Der Topfen wird wie beim Kochkäse behandelt. Wenn er glasig ist, wird er mit Salz und Kümmel gewürzt, in zerlassene Butter gegeben und unter kräftigem Rühren erhitzt, bis die Masse zerfließt. Vor dem Abfüllen kann noch etwas frischer, trockener, zerbröselter Topfen untermischt werden.

Topfenkäse I

Gut trockener Topfen wird in eine Schüssel gebröselt und mit Salz, Pfeffer oder getrockneten Kräutern vermischt. Gut durchgemischt wird der Topfen in konische, gelochte Käseformen gedrückt und mit einem Tuch abgedeckt an warmer Stelle stehen gelassen. Nach 24 Stunden wird der Käse aus der Form auf ein Käsebrett gestürzt und 2 weitere Tage offen stehen gelassen. Daraufhin wird er in ein mit Molke, Bier oder Rotwein befeuchtetes Tuch eingeschlagen und bei 15–18 Grad C 4–8 Tage durchreifen gelassen.

Topfenkäse II

Der gesalzene, aber sonst ungewürzte „Topfenkäse I" wird zum Trocknen stehen gelassen, und dabei wird er von Zeit zu Zeit mit kühlem Rauch von

Wacholder, Rosmarin oder Holunder sanft geräuchert. 1–2 Wochen reift der Käse und ist innen grau und weich und außen gelblich. Er schmeckt scharf und würzig.

Bauernkäse

Topfen wird bei 40 Grad C aus saurer Milch hergestellt, gut abtropfen gelassen, anschließend zerbröselt und mit Salz und Kümmel gewürzt. 2 Tage wird er in einem warmen Raum stehen gelassen und dann in eine Schüssel, die mit einem Tuch ausgelegt wurde, gedrückt und reifen gelassen, bis er grau und weich ist.

Butter- oder Schmalzkäse

Bauernkäse, Topfenkäse oder sonstiger Frischkäse wird ausgebreitet, mit einer Schichte weichgerührter Butter bestrichen, eingerollt und später in Scheiben geschnitten. Er kann auch gleich in eine Modelform oder Schüssel lagenweise hineingedrückt werden. Eine Verfeinerung ergibt das Würzen zwischen den Lagen mit getrockneten Kräutern.

Agfäulter Kas (Innviertel)

Guter Magertopfen, der nicht zu fein sein darf – nicht jeder Topfen kann verwendet werden –, wird in einem irdenen Topf an warmer, nicht zugiger Stelle in der Küche stehen gelassen. Der Topf muß mit einem Gazetuch bedeckt sein. Nach einigen Tagen beginnt der Topfen durchzureifen und wird sodann gegessen.
Ist der Ort wärmer, wird der Topfen schneller durchreifen als an einem kühleren Ort. Er darf aber nicht in die Sonne gestellt werden.

Fehler bei der Topfenherstellung

Zu geringe Ausbeute

Wir haben den Topfen zu früh geschnitten und/oder abgeseiht. Dadurch geht viel „Staub" in die Molke ab. Der Topfen wird ziemlich weich bleiben.

Übersäuerung

Der Topfen kann zu sauer schmecken. Dann müssen wir beim nächsten Topfen durch höhere Temperaturen bei der Bearbeitung das Dickwerden beschleunigen. Durch einen kühleren Raum während des Abtropfens wird die Milchsäuregärung verzögert, und der Käse wird nicht mehr so sauer schmecken. Wir sollten auch den Säurestarter (Buttermilch, saure Milch) überprüfen und gegebenenfalls eine neue Packung kaufen.

Zu wenig sauer

Die Säurewecker (Molke) sind zu überprüfen bzw. zu erneuern bzw. Inkubationszeit verlängern.

Colibakterien

Durch unhygienisch gewonnene Milch, Verunreinigungen, Betreten des Käseraumes mit der Stallkleidung etc. können sich Colibakterien in der Milch oder am Topfen festsetzen und vermehren. Die Käsemasse wird auf der Molke schwimmen, weil sich kleine Bläschen gebildet haben. Die Masse wird schwammig, und der Topfen wird bald bitter schmecken. Der Topfen darf dann nicht mehr verkauft werden. Am besten ist es, wir verfüttern den bitteren Käse den Hühnern. Diese danken es mit besonders großen Eiern.
In diesem Fall ist die Hygiene im Stall, beim Melken und im Käseraum zu überprüfen, und Verbesserungen sind durchzuführen. Das Wasser soll untersucht werden.
Finden wir keinen Verunreinigungsgrund, können wir durch Zugabe von etwas mehr Säurewecker verhindern, daß sich die Colibakterien zu rasch verbreiten, weil dann in der Milch die Säurebakterien vorherrschen. Ebenfalls wäre die Raumtemperatur zu überprüfen und diese auf 18 bis 22 Grad anzuheben, weil sich bei dieser Temperatur die Säurebakterien rascher vermehren und die Colibakterien am Vermehren hindern.

Hefen

Hefen setzen sich besonders dann an, wenn der Käse in der Küche bereitet wird, wo wir auch Brot backen. Es sind allerdings immer Hefen in der Luft, an schlecht gereinigten Geräten, gebrauchten Geschirrtüchern bzw. Wettex. Sie befallen gerne den Frischkäse. Ein gelber bis dunkelgrauer Belag wird sichtbar. Da Hefen zur Vermehrung Luft benötigen, sollten wir den Topfen nach Fertigstellung verpacken. Allerdings darf der Topfen nicht luftdicht verpackt werden, weil der Käse als solches ein lebendiges Produkt ist und seinerseits Luft benötigt. Im Kühlschrank bei plus 5 Grad hält sich der Topfen länger als bei der üblichen Raumtemperatur.

Übertragung unerwünschter Bakterien

Durch schlecht gereinigte Töpfe, Tücher und Holzformen überträgt man unerwünschte Kulturen von einem Tag auf den anderen. Daher ist es wichtig, darauf zu achten, daß die Töpfe innen nicht ausgeschlagen sind, die Tücher frisch gekocht sind und möglichst alle Geräte vor Benützung heiß (80 Grad) ausgespült werden.

Eine Übertragung von unerwünschten Kulturen liegt auch vor, wenn z. B. Weißschimmel auf den Käse kommt, weil im gleichen Raum Weißschimmelkäse gelagert ist. An sich ist das kein gefährlicher Käsefehler, weil auch der – ungewollte – Weißschimmelkäse eine Delikatesse sein kann.

Bei Brotschimmel ist das jedoch wesentlich gefährlicher, weil Brotschimmel giftige Ausscheidungsprodukte, die Aflatoxine, erzeugt. Auch aus diesem Grund hat Brot in der Käseküche nichts zu suchen.

Viele Schimmel, die sich in feuchten Räumen an Wänden bilden, sind gefährlich für den Käse, der in solch feuchten Räumen lagert. Daher ist auch die Vorschreibung der Verfliesung in Käseküchen zu beachten.

Zu viel Lab

Wird die eingelabte Milch zu rasch dick, haben wir zu viel Lab verwendet. Wenn sich die Molke absetzt, sehen wir schon, ob die Labmenge richtig war. War sie richtig, ist die Molke leicht grünlich. Zuviel Lab ergibt einen gummiartigen, knirschenden Käse mit leicht bitterem Geschmack. Wir sollten uns bewußt sein, daß das Lab bei Topfen und Frischkäse nur zur Unterstützung der schnelleren Dickung beigegeben wird.

Bitterer Geschmack

Wie bereits erwähnt, können die im Übermaß vorhandenen Colibakterien verursachen, daß der Topfen bitter schmeckt. Der bittere Geschmack kann auch auf unsaubere Tücher (Hefenbefall) zurückzuführen sein, oder aber der Labzusatz war zu hoch. Durch sofortiges Kühlen nach der Topfenherstellung läßt sich viel vermeiden.

Metallischer Geschmack

Wenn der Topfen mit blankem Eisen in Verbindung kommt, bekommt er einen metallischen Geschmack. Dies muß vermieden werden. Daher verwenden wir keine verzinkten Gerätschaften, keine ausgebrochenen Emailgeräte und kein sonstwie schlecht beschichtetes Eisengeschirr.

Eigene Versuche

Haben wir den ersten guten Topfen erzeugt, vielleicht nach einigen weniger erfolgreichen Versuchen, werden wir uns fragen, warum auf einmal der Topfen so gut gelungen ist. Daher empfehle ich, daß gleich von Beginn an Aufzeichnungen gemacht werden über: Temperaturen, Dickungszeit, Bearbeitungszeit und Bearbeitungsart, Fütterung der Tiere etc. Wir kommen dann schneller dahinter, wann der Topfen besonders gut gelingt. Später, wenn sich schon eine gewisse Routine einstellt, ist es bei Hausgebrauch nicht mehr nötig, daß wir uns alles notieren, außer wir beginnen, neue Rezepte auszuprobieren. In jedem Fall allerdings sollten wir über das Datum der Herstellung des Käses Bescheid wissen oder einen Vermerk machen.

Noch ein Wort zum Wetter

Es besteht vielfach die Meinung, daß die Käseherstellung vom Wetter abhängig sei. Ich konnte feststellen, daß bei Gewitter die Milch besonders schnell eindickt, daß an langen Regentagen das Käsen besonders lange braucht, daß mein Schafkäse erst so „richtig" wird, wenn im Frühling der Pollenflug stark eingesetzt hat etc. Manche beobachten auch den siderischen Mond, und es ist wohl so, daß auch dieser die Käseproduktion etwas beeinflussen kann. Die ganz genauen Beobachter sollten sich auch in dieser Hinsicht Vermerke machen und können so sicherlich schneller zu Erfolgen gelangen. Außerdem hat es viel auf sich, wie der Käse wird, ob der Käse am Beginn, in der Mitte oder am Ende der Laktationsperiode hergestellt wird.
Eines ist aber sicher: Grundsätzliche Milch- oder Bearbeitungsfehler dürfen nicht auf das Wetter geschoben werden!

Frischkäserezepte

Die Frischkäserezepte-Sammlung bietet eine Vielfalt an Verarbeitungsmöglichkeiten. Oft sind nur kleine Unterschiede zu ersehen. Aber darauf kommt es eben beim Käsemachen an. Wie bei allen Rezepten gilt, daß die kleinste Variante einen neuen Geschmack, eine andere Festigkeit ergibt. Ich habe deshalb viele Varianten gesammelt, damit wir zuerst viel ausprobieren können, angeregt werden zu neuen Kombinationen und nicht nur einen einzigen Käse machen lernen.

Gupf

Der Gupf ist eine oberösterreichische Schafkäseart.
Schafmilch, die schon leicht säuert (12 Stunden alt) oder auch ganz frische Schafmilch (manchmal gemischt mit 20 % oder mehr Kuhmilch, was beim Verkauf exakt deklariert werden muß) wird bei 22–28 Grad C eingelabt. Es werden bei niederen Temperaturen 6, bei höheren Temperaturen 3 Tropfen Lab (1:15.000) pro Liter Schafmilch verwendet. Lab wird in lauwarmem Wasser aufgelöst bzw. verdünnt. Wir mischen das Lab gut unter und füllen die Milch gleich in ¼-Liter-Becher (Joghurtbecher) ab. Damit sich der Gupf besser vom Becher löst, wird dieser vor dem Füllen mit Molke oder Essigwasser ausgeschwemmt. Wir stellen die Becher in den Käseraum, der ungefähr 20 Grad C haben soll. Mit einem feinen Tuch decken wir die Becher ab.
Wir können die Käschen, nachdem die Milch gestockt ist und sich die Molke schon deutlich abgesetzt hat, was etwa nach 12 Stunden der Fall ist, in gelochte Käseformen stürzen und sie zum Ablaufen auf ein Käsebrett stellen. Nach weiteren 12 Stunden ist dann die Molke ganz abgelaufen. Der Käse wird gestürzt und gleich gegessen.
Wir können die Milch im Becher stark eindicken lassen. Nach 12 Stunden sehen wir, daß sich der Käse vom Rand des Bechers gelöst hat. Eventuell helfen wir mit einem Messer nach. Ist der Gupf so fest, daß er die Form beim Stürzen behält, so wird er in ein Gefäß gestürzt und in der eigenen Molke frisch gehalten. Gekühlt unter Molke stehend, hält der Gupf 3–4 Tage frisch. Sobald die Molke eine weißliche Haut bildet (Hefen!), muß sie erneuert werden.

Zubereitung

2–3 Stunden vor dem Essen wird der Gupf aus dem Kühlschrank genommen und bei Zimmertemperatur stehen gelassen. Es gilt, wie bei allen Käsearten, daß der Käse nicht frisch vom Kühlschrank gegessen werden soll, weil er erst bei Zimmertemperatur seinen vollen Geschmack erhält.
Der Gupf wird mit den verschiedensten Kräutern und Gewürzen verfeinert und eventuell mit etwas kaltgepreßtem Olivenöl übergossen. Als Süßspeise kann der Gupf mit Honig, Marmelade oder Schokolade variiert werden.

Erlauftaler

Die niederösterreichische Variante zum Gupf ist der Erlauftaler.
Die Milch wird meist mit mehr oder weniger Kuhmilch oder auch Ziegenmilch gemischt. Nach dem Einlaben kommt die Milch in hohe zylindrische ½-Liter-Formen, wo der Käse fest wird. Dann wird er herausgegeben und in einen

Halbliterformen für Frischkäse nach Erlauftaler Art.

Die mit Säurewecker beimpfte Milch wird eingelabt und sofort in die bereitstehenden Becher gefüllt.

Behälter mit der eigenen frischen Molke gegeben. Verwendungsarten sind wie beim Gupf. Dieser Käse ist besonders weich und mild und ist möglichst tagfrisch zu verzehren. Aus pasteurisierter Milch hält er sich ca. 2 Wochen, aus guter Rohmilch 1–2 Wochen unter der Molke.

Weitere Bearbeitung des Gupf oder Erlauftaler Käses

Haben wir einmal zuviel Frischkäse gemacht und können diesen nicht gleich verkaufen, bzw. kann er nicht baldigst gegessen werden, können wir den Käse weiter bearbeiten und so haltbarer machen.
Wir schneiden den Käse einige Male durch, salzen ihn mit etwas grobem Salz und füllen ihn in gelochte Formen, die möglichst nicht oder nur ganz leicht konisch sein sollten. Dann legen wir ein Brettchen darauf und beschweren den Käse, sodaß die restliche Molke gut abfließen kann.
Eine einfache Form können wir uns selbst machen: Eine alte Milchkanne oder ein Senfkübel aus Plastik wird abgeschnitten und Löcher werden von innen nach außen gebohrt. Ein Holzdeckel, der genau hineinpaßt, wird zugeschnitten. Als Beschwerung können wir ein 2-l-Einsiedeglas verwenden, das wir mit Wasser füllen.

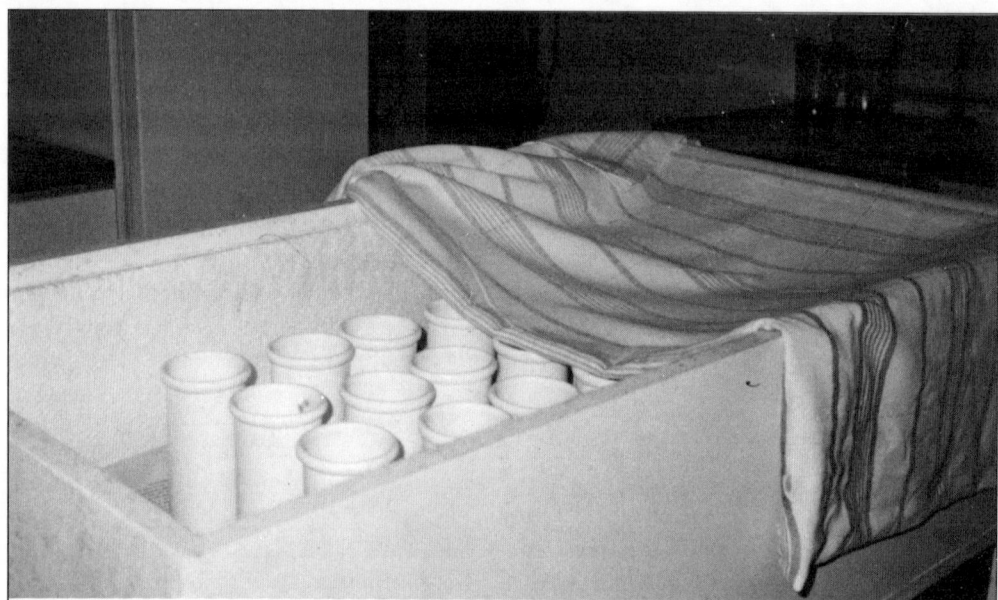

Die Gerinnung erfolgt am besten in Wärmekisten – z. B. wie hier aus Styropor. Nach 24–28 Stunden (je nach Einlabtemperatur, Labmenge und Raumtemperatur) sind die Käse fertig . . .

. . . und werden in die Molke gestürzt. Zum Nachdicken noch einige Stunden bei Zimmertemperatur stehen lassen, dann kühl lagern.

Auf den gesalzenen, in die Form gefüllten Käse legen wir das Brettchen und füllen je nach Menge des Käses das Glas halbvoll, später voll und stellen dieses oben drauf. Wir müssen beachten, daß das Glas nicht schief stehen darf, sonst bekommen wir einen schiefen Käse. Wir werden daher das Gewicht langsam steigern und so das schräge Pressen des Käses verhindern.
Haben wir eine Käsepresse, werden wir den Käse mit der Käsepresse pressen. Wenn der Frischkäse allerdings schon zu alt ist und sich Hefepilze angesiedelt haben, wird diese Art der Haltbarmachung problematisch. Eine Geschmacksveränderung tritt ein, die nicht jedermanns Sache ist. In Frankreich gibt es allerdings eine Spezialkäsesorte dieser Art mit sehr scharfem Geschmack, die sehr beliebt sein soll.

Eingelegter Frischkäse

Wollen wir Frischkäse länger aufbewahren, legen wir ihn in ein großes Glas, geben gutes, nicht ranzig werdendes Olivenöl darüber, das wir mit getrockneten Kräutern (Herbes de Provence, Oregano etc.) anreichern, und stellen das Glas am besten in den kühlen Keller. Das Glas muß verschlossen und der ganze Käse mit dem Öl bedeckt sein. So hält sich der Käse einige Wochen und verändert seinen Geschmack je nach Öl und Kräutern. Verwenden wir ein ganz neutrales, geschmackloses Öl, wird der Käse den Geschmack nicht verändern. Das Öl kann später eventuell als Salatöl aufgebraucht werden.

Herstellung von Handkäse

Die Herstellung von Handkäse ist ähnlich der des Topfens unter Labzugabe. Besonders für Schaf- und Ziegenkäse ist das eine beliebte Art der Käseerzeugung. Mit Kuhmilch ist es auch möglich, nach denselben Rezepten zu verfahren, es werden sich allerdings eine etwas geringere Ausbeute und ein anderer Geschmack des Käses ergeben.
Bei einer Temperatur von 24 Grad wird eingelabt. 3–6 Tropfen flüssiges Lab pro Liter Milch, in etwas Wasser vermengt, genügen, sodaß die Milch innerhalb von 4 bis 5 Stunden dick wird. Die Raumtemperatur sollte um 18 bis 20 Grad liegen. Ist die Milch dick, wird die Gallerte geschnitten und nach einer gewissen Zeit, wenn sich die Molke etwas abgesondert hat, in gelochte Käseformen gefüllt, und diese werden auf ein Käsebrett gestellt. Das Käsebrett ist leicht schräg geneigt, sodaß die Molke über die Nase in den Molketopf rinnen kann. Der Käse wird in der Form so lange stehen gelassen, bis er die Form behält, wenn wir diese umstürzen. Der Käse ist dann ungefähr auf die Hälfte in der Form abgesunken. (Haben wir den Käse schon gestürzt und bemerken, daß er die Form nicht gut behalten wird, können wir die Käseformen nochmals darüber-

Abfüllen des Bruches in gelöcherte Formen. Das Gitter läßt die Molke gleichmäßig abrinnen.

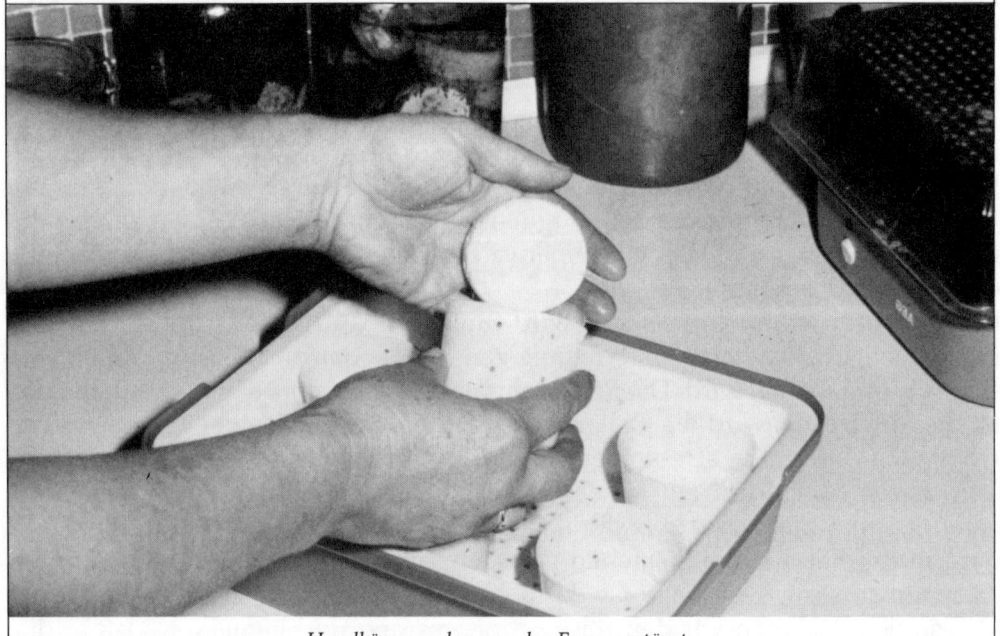

Handkäse werden aus der Form gestürzt.

stülpen, damit der Käse nicht verläuft.) Nun wird der Handkäse mit grobem Salz überstreut und einen Tag stehen gelassen. Dann drehen wir ihn nochmals um und salzen ihn wieder. Nach einem weiteren Tag ist die restliche Molke abgeronnen, sodaß der Handkäse genügend fest geworden ist.

Eine Art Handkäse können wir auch machen, wenn wir noch keine Formen haben. Wir geben den Käsebruch in ein Windeltuch und hängen dieses über einer Schüssel, die die Molke auffängt, auf. Nach einiger Zeit müssen wir die Käsemasse in der Windel drehen und die Windel neuerlich etwas straffer binden, damit sich eine gute Kugel formt. Ist die Kugel dann fest genug, daß sie die Form behält, wird diese auf ein Brettchen gelegt und gesalzen. Wir können die Kugel auch halbieren und dann salzen, damit die restliche Molke besser abrinnen kann. Der Käse schmeckt in einer ganz feinen Nuance anders als der, der in den Käseformen gemacht wurde.

Mit Gewürzen, frischem Dill, Oregano oder Herbes de Provence und ein wenig kaltgepreßtem Olivenöl sind die Handkäse eine reine Gaumenfreude.

Der Handkäse ist frisch sehr mild. Je länger er lagert und je mehr Salz wir verwenden, desto „rassiger" wird er.

Zu griechischem Salat ist der Handkäse, frisch oder schon einige Tage alt, vorzüglich.

Eingelegter Handkäse

Haben wir zu viel Handkäse oder wollen wir ihn für längere Zeit (1–6 Monate) aufheben, so können wir diesen in gutes Öl einlegen. Voraussetzung ist, daß das Öl nicht ranzig wird, sonst teilt sich der Geschmack dem Käse mit. Wichtig ist auch, daß der Handkäse ganz trocken ist und keine Molke mehr bei der Lagerung austritt!

Abgetrockneten Handkäse, der zu diesem Zweck 2 Tage im Kühlschrank offen lagern muß, bis er abgetrocknet ist, legen wir mit guten (nicht schimmeligen!) trockenen Kräutern in Einsiedegläser in Öl. Das Öl soll den Käse ganz bedecken. Die Größe des Glases soll möglichst der Größe des Käses angepaßt sein. Leicht konische Gläser (Pastetengläser) eignen sich besser als oben eingezogene Gläser neuerer Machart. Wir können den Handkäse auch in kleinere Stücke schneiden und das Glas damit füllen. Der Ölverbrauch wird größer sein, wenn der Käse nicht genau dem Glas angepaßt ist.

Der Gummi wird auf den Glasrand gelegt, der Deckel aufgesetzt und zugeklammert. Wir können auch Schraubdeckelgläser verwenden, die aber nur leicht verschlossen werden. Manchmal „wächst" das Öl noch im Glas und tritt über. Dies geschieht, wenn der Käse nicht trocken genug war und noch Molke austritt, die sich unter dem Öl sammelt, und eine Gärung einsetzen kann. So stellen wir die Gläser zur Sicherheit auf einen Teller.

Handkäse werden nach dem Stürzen gesalzen.

Handkäse lagern, nachdem sie gesalzen worden sind.

Gekühlt, das Öl stockt dann, hält sich dieser Käse einige Monate. Das ist bsonders wichtig bei Ziegen- und Schafkäse, weil diese Tiere im Winter einige Monate trocken stehen und dann ihre Lämmer säugen. So kann man die käselose Zeit gut überbrücken. Der Käse wird gegebenenfalls etwas schärfer, besonders dann, wenn er nicht ganz trocken war und sich noch etwas Molke abgesondert hat. Hatten wir beim Käse allerdings Käsefehler (Hefen, Schimmel), treten diese dann unbarmherzig zutage und können den Käse ungenießbar machen.

Kräutermischung für in Öl eingelegten Frischkäse:
Weißer und schwarzer Pfeffer zu gleichen Teilen, 2 Lorbeerblätter, je 1 TL Rosmarin und Thymian, 4 Wacholderbeeren, 1 Zwiebel in Scheiben geschnitten. Nach einer Woche hat der Käse den Gewürzgeschmack angenommen.

Wollen wir den Handkäse nur wenige Wochen lang aufheben, können wir ihn in Salzwasser (5 dag auf 1 l aufgekochtes und wieder abgekühltes Wasser) legen. Der Käse wird das Salz anziehen und salziger werden. In Salzwasser bei kühler Lagerung hält sich der Käse jedoch mehrere Wochen. War der Handkäse nicht trocken genug oder das Salzwasser nicht salzig genug, wird sich der Handkäse im Wasser auflösen.

Handkäse kann auch eingefroren werden. Der Käse wird aber grießlig. Zum Einfrieren eignen sich festere Käsearten besser.

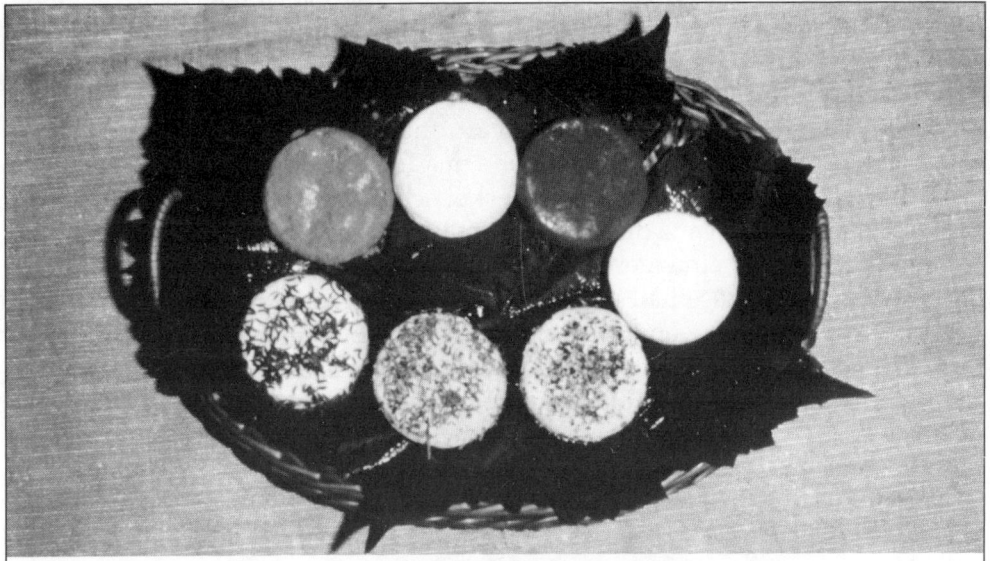

Handkäsevariationen: natur, mit verschiedenen Kräutern, Kümmel, Curry, Paprika . . .
Der Phantasie sind keine Grenzen gesetzt!

Handkäse mit Gewürzen

Wir können dem Handkäse Gewürze beifügen, indem wir zum Beispiel den Käse in Paprika wälzen oder mit Pfeffer bestreuen.

Geben wir dem Käse schon beim Bruchabschöpfen frische, blanchierte Dille oder sonstige Kräuter bei, erhalten wir köstlichen Kräuterkäse.

Wollen wir Kräuterkäse mit frischen Kräutern längere Zeit aufheben, müssen wir die Kräuter blanchieren, weil sonst der Käse zu scharf wird und sich im Geschmack rasch verändert.

Auch Nuß- oder Mandelkäse können wir auf diese Art und Weise herstellen. Die Nüsse müssen dazu leicht überkocht und die Mandeln abgeschält werden. Unter Zugabe von ganzen, eingelegten grünen Pfefferkörnern erhalten wir Pfefferkäse. Der Käse wird durch längere Lagerung würzig scharf.

Vielfach wird auch gerne Knoblauch zum Handkäse gegessen.

Weißschimmelkäse

Aus dem Handkäse ist Weißschimmelkäse leicht herzustellen. Wir benötigen als Schimmelkultur guten, frischen Camembert oder Brie. Wir waschen die Rinde warm ab und übertragen diese Schimmelkulturen, indem wir damit den Handkäse einstreichen. Wir können auch das Einwickelpapier oder die Folie des gekauften Käses über die Handkäse legen, und bei einem entsprechenden Raumklima werden sich die Weißschimmelpilze schnell vermehren und den Käse zu einer Art Camembert verwandeln. Wir müssen nur vorsichtig mit den Schimmelkulturen sein, weil sie sich auf jedem Käse, der im Raum offen steht, ansiedeln. Wenn das nicht erwünscht ist, müssen wir diesen Käse in einem anderen Raum reifen lassen. Wir können uns auch einen kleinen Reifungsraum mit Hilfe von Plastikbehältern mit Deckel schaffen. Die Behälter werden geschlossen, aber nicht ganz dicht, weil immer Frischluft dazukommen muß. Am besten ist allerdings ein eigener Reifungsraum oder Reifungskeller.

Der Weißschimmelkäse hält nicht sehr lange, wenn er einmal durchgereift ist. Besser verfahren wir, wenn wir schon vor dem Einlaben die Weißschimmelkultur der Milch beimengen. Und besonders professionell sind wir, wenn wir richtige Schimmelkultur direkt bei einem Käsereilabor beziehen. Wir werden aber dann auch eher ein anderes Rezept wählen. (Siehe unter Kapitel Weichkäse.)

Schichtkäse oder Lagenkäse

Schichtkäse ist eine bestimmte Frischkäsesorte, die dem Handkäse in der Herstellung sehr ähnlich ist, jedoch eine andere Geschmacksnuance aufweist.

Wie der Name schon sagt, werden verschiedene Lagen bzw. Schichten den Käse charakterisieren. Wir verwenden dazu 2 verschiedene Arten von Milch. Eine ist mit dem abgeschöpften Rahm der anderen Milch angereichert. Insgesamt brauchen wir ca. ⅔ der Gesamtmenge an magerer Milch und ⅓ Vollmilch bzw. angereicherte Milch.

Wir lassen, wie beim Handkäse beschrieben, die Milch eindicken und benötigen dazu 2 Milchschüsseln. In einer Schüssel ist die abgerahmte Abendmilch, und in der anderen Schüssel ist die mit dem Rahm der Abendmilch angereicherte Morgenmilch. Die Gallerte schöpfen wir dann lagenweise in eine oder einige größere, leicht konische, gelochte, eventuell eckige Käseformen mit Boden. Wir geben eine Lage Magerbruch in die Form, dann, nach einer kleinen Pause, nachdem sich der Bruch in der Form ein wenig gesetzt hat, eine Lage vom Bruch der fetten Milch. Nach einer weiteren Pause kommt als oberste Lage wieder Magerbruch. Wir können auch mehrere Schichten einfüllen, z. B. fünf. Der Käse hat dann abwechselnd eine gelblichere und eine weißlichere Schichte. Früher wurde in Molkereien manchmal die mittlere Schichte mit Karotin-Farbstoff gefärbt, sodaß der Unterschied deutlicher wurde. Wir können es mit Karottensaft oder frischen, blanchierten Kräutern, die wir schon der fetteren Milch beimengen, versuchen.

Selbst wenn wir aus der gleichen Milch mit gleichem Fettgehalt den Käse schichtartig einfüllen, ergibt sich beim Aufschneiden des Käses eine deutliche Abgrenzung der wechselweise eingefüllten Schichten. Der Geschmack dieses Schichtkäses ist eine feine Nuance unterschiedlich zum normal abgefüllten Handkäse, obwohl er aus der ganz gleichen Käsemasse hergestellt ist.

Da der Schichtkäse frisch gegessen werden soll, muß er baldigst in passende Becher verpackt und gekühlt werden, damit er sich zumindest einige Tage hält.

Französischer Rahmkäse

¾ Teile Kuh-Vollmilch und ¼ Teil Rahm oder Vollmilch vom Schaf wird mit 2% Buttermilch „geimpft". Nach einiger Zeit (mindestens 15 Minuten) wird die Milch auf 18–20 Grad C erwärmt. Mit 2–3 Tropfen Lab pro Liter wird eingelabt. Wir rühren die Milch 4 Minuten gut und tief durch. Dann wird noch 1 Minute nur oberflächlich gerührt. Der Milchtopf wird sodann an einen nicht zu warmen Platz gestellt, weil die Milch langsam durchsäuern muß. Nach einer Stunde sowie nach einer weiteren Stunde wird nochmals oberflächlich gerührt, damit sich der Rahm gut in der stockenden Milch verteilt. Anschließend wird die Milch wieder abgedeckt und ruhen gelassen. Nach etwa 12 Stunden wird die Milch dick genug sein, damit wir nach einer Schnittprobe schneiden können. Es wird in 2 cm breite Würfel geschnitten, der Bruch in ein Käsetuch

(Windel) geschöpft und zum Abtropfen aufgehängt. Wenn die Molke abgeflossen ist, wird die Käsemasse in der Windel mit den trockenen Randschichten gut durchgerührt, zu einer Kugel geformt und nochmals 12 Stunden aufgehängt. Nach weiteren 12 Stunden wird der Käse fest sein, und er kann aus dem Tuch genommen werden. Nun wird der Käse in gelochte Käseformen gefüllt und leicht angepreßt und zum weiteren Abtropfen auf ein Käsebrett gestellt. Wenn er so fest ist, daß er seine Gestalt behält, wird die Form entfernt.

Der Käse kann nun sofort gegessen werden, entweder ungesalzen oder gesalzen und mit Kräutern abgeschmeckt.

In Alufolie oder Wachspapier gewickelt, läßt er sich bis zu einer Woche im Kühlschrank lagern. Er wird so reifer und intensiver im Geschmack.

Frischkäse nach Art des Gervais ?.ß. 11 Jahre (30%) + 0,5 l Milch (3,5%)

Milch, die mit Rahm angereichert ist und so einen Fettgehalt von 20% aufweist, wird bei 18–20 Grad C eingelabt (3 Tropfen Lab pro Liter). Die Milch soll sehr langsam, innerhalb von 24 Stunden, dick werden. Nach der Schnittprobe wird der Bruch grob (4×4 cm) geschnitten. Ein feuchtes Seihtuch wird in ein Sieb gelegt, das auf einer Schüssel eingehängt ist, die die ganze Molke aufnehmen kann. Der Bruch wird, nachdem sich die Molke bereits abgesondert, in das Tuch geschöpft und zum Abtropfen aufgehängt. Nach weiteren 24 Stunden ist der Käse fertig. Dieser fette Käse wird sofort nur ganz leicht gewürzt oder auch ungesalzen gegessen. Der Käse ist nicht lange haltbar.

Ziegenkäse

Aus Ziegenmilch bereiten wir einen besonderen Frischkäse.

Gleich nach dem Melken wird die Milch mit Säurewecker angesäuert und nach ½ Stunde bei 35 Grad C mit 6 Tropfen Lab pro Liter Milch eingelabt. Nach ¾ Stunden soll die Milch dickgelegt sein. Nach der Schnittprobe wird die Gallerte in 2-cm-Würfel geschnitten. Nach einer Viertelstunde wird der Bruch in hohe, zylindrische, gelöcherte Becher gefüllt. Nach 24 Stunden kann der Käse aus der Form genommen werden. Entweder wird er gleich gegessen und dazu je nach Geschmack gewürzt, oder er wird in 2–3 cm dicke Scheiben geschnitten und in Salz gewälzt, wobei das Salz, welches darauf haften bleibt, belassen wird. Bei 15 Grad C kann der Käse einige Tage reifen, wobei er täglich gewendet werden muß. Je länger der Käse reift, desto fester und würziger wird er. Er kann 3 Wochen lang reifen.

Zubereitet wird der Ziegenkäse mit den verschiedensten Kräutern, etwas Olivenöl, je nach Geschmack.

Haltbar wird der Käse durch Einlegen in Kräuteröl oder in 5%ige Salzlake. Der Käse muß vor dem Einlegen gut abgetrocknet sein.

Ziegenkäse nach französischer Art

Dieser Käse wird ohne Lab zubereitet. Zu 9 Liter melkwarmer Ziegenmilch geben wir 1 Liter Molke vom Vortag. Wir mischen gut durch und stellen die Milch zugedeckt an einem warmen Ort ruhig auf. Ohne Lab säuert die Milch langsam und gut durch. Nach etwa 20–24 Stunden wird sie dick sein. Die Gallerte wird nach der Schnittprobe in 2-cm-Würfel geschnitten und nach 15 Minuten in gelochte Käseformen abgefüllt. Die Käse werden auf ein Käsebrett aufgestellt, damit die Molke gut abrinnen kann. Nach 24 Stunden wird die Molke abgeronnen sein. Dann können die Käse aus der Form gestürzt werden. Rundum werden die Käse gesalzen und in einem kühleren Raum trocknen gelassen.

Ziegenfrischkäse

Wir säuern die Milch mit Sauer- oder Buttermilch an und laben bei 20–23 Grad C mit 0,1 ml/l Milch ein. Die Gallerte soll erst nach 24–36 Stunden fest sein. In schmale zylindrische Lochformen wird der Bruch verschöpft und bleibt 12 Stunden in den Formen. Der Käse wird nicht gesalzen. Er wird mit Kräutern serviert.

Französischer Ziegenkäse

Der Sainte-Maure ist ein milder, weicher Weiß- oder Grünschimmelkäse, der auch heute noch auf Bauernhöfen in Mittelfrankreich hergestellt wird.
Frische, leicht gesäuerte und mit Schimmelkultur versetzte Ziegenmilch wird bei 22 Grad C eingelabt und nach 18–24 Stunden in schmale (4–5 cm), hohe (25 cm), zylindrische Formen verschöpft. Nach 24 Stunden kommt der Käse aus den Formen auf Gitterhorden. Nach dem Trocknen wird der Käse gesalzen und mit Schimmelkultur (Penicillium candidum oder Grünschimmel) besprüht.
Der Käse reift im Reifungskeller bei 12 Grad C in 2–3 Wochen aus. Tägliches Wenden ist erforderlich.

Banon-Käse

Frische Ziegen- oder Schafmilch wird mit einigen Eßlöffeln Buttermilch vermischt und 30 Minuten stehen gelassen, damit die Milch gut vorsäuern kann. Dann wird die Milch auf 22–24 Grad C erwärmt und mit 3 Tropfen Lab (1 : 15.000), welches in Wasser aufgelöst wurde, vermischt. Wir schneiden die

Gallerte, wenn diese dick genug ist, in 2-cm-Würfel. Nach einiger Zeit, wenn sich die Molke schon etwas abgesondert hat, wird der Bruch in gelochte, leicht konische Formen gefüllt und auf Tonziegel gestellt. Der Ziegel bewirkt, daß die Molke schneller abgezogen wird. Nach 2 Tagen wird der Käse aus der Form genommen und leicht gesalzen. Nach weiteren 1–2 Tagen ist der Käse trocken genug, um weiter verarbeitet werden zu können. Der Käse wird nun kurz in Schnaps getaucht und anschließend in Edelkastanienblätter oder Walnußblätter gewickelt und kreuzweise mit einer dünnen Schnur umwickelt. Nun kommt der Käse in den Reifungsraum, und dort reift er noch einige Tage, wobei er den Geschmack der Blätter annimmt. Haben wir keine Nuß- oder Kastanienblätter, können wir auch Brennessel- oder Weinblätter verwenden. Wichtig ist, daß die Blätter ungespritzt sind und daß wir sie gut säubern, bevor wir den Käse damit einwickeln. Rückstände von Herbiziden oder Insektiziden würden in den Käse übergehen. Also nur unbedenkliche Blätter verwenden!

Schafkäse nach Balkanart

Dieses Rezept ist bestens für den Anfänger geeignet.
Die melkwarme Schafmilch wird sofort mit 3–6 Tropfen Lab pro Liter eingelabt. Die Milchschüssel wird mit einem feinen Tuch abgedeckt und an einen ruhigen, warmen Ort gestellt. Nach wenigen Stunden ist die Gallerte fest genug. Nach der Schnittprobe kann geschnitten werden. Wir schneiden Würfel von 2–3 cm Größe. Nun lassen wir den Bruch 2 Stunden stehen, bis er sich etwas zusammengezogen hat, und füllen ihn in ein Seihtuch, das wir, mit einem festen Spagat zugebunden, über einer Abtropfschüssel aufhängen, ab. Nach 2 Stunden lösen wir das Tuch, lösen den Käse am Rand vom Tuch und wenden ihn im Tuch um, damit eine gleichmäßige Kugel entsteht. Wir knüpfen das Tuch nochmals und hängen den Käse weitere 10–12 Stunden auf. Wenn die Käsekugel die Form hält, nehmen wir diese aus dem Tuch, schneiden sie 1–3mal durch, salzen und legen die Käsescheiben auf ein Käsebrett zum Abtropfen. Wir wenden am nächsten Tag und salzen nochmals etwas nach. Nach 2–3 Tagen ist der Käse fertig.

Hüttenkäse

Magere Milch wird durch Abschöpfen von etwas Rahm gewonnen. Säurewecker geben wir in Form von Buttermilch hinzu. Nach 30 Minuten wird die Milch auf 20 Grad C erwärmt und mit 3 Tropfen Lab vermischt. Bei einer Raumtemperatur von ca. 20 Grad wird die Milch nach 12 Stunden dick genug sein, und wir können die Gallerte nach der Schnittprobe schneiden. Die

Schnitte sollen nicht breiter sein als 1 cm. Im Wasserbad wird unter vorsichtigem Rühren auf 35–38 Grad C erwärmt. Der Bruch wird in einem Sieb von der Molke getrennt. Dann spülen wir den Bruch mit kaltem Wasser durch. Der Käse wird gesalzen, mit etwas Rahm vermischt und möglichst frisch gegessen.

Ziegenkäse auf Camembert-Art

Ziegenmilch wird erwärmt und bei 34 Grad C eingelabt mit 3 Tropfen Lab (1:15.000) pro Liter Milch. Wenn sie dick ist, das ist nach etwa 2 Stunden, wird mit einer flachen Schöpfkelle die Gallerte herausgehoben, ohne sie zu schneiden, und in hohe, gelochte, zylindrische Formen gefüllt, die zum Abtropfen aufgestellt werden. Der Käse wird einige Male in der Form gewendet. Wenn er fest genug ist, kommt er aus der Form heraus, wird eventuell in dünnere Scheiben geschnitten, gesalzen und bei 15 Grad C zum Reifen aufgestellt. Nach einigen Tagen zeigt sich der Weißschimmel. Nach 2–3 Wochen wird der Käse verpackt und bei tiefen Temperaturen (5 Grad C) gelagert. Nach 3–6 Wochen ist der Weißschimmelkäse fertig.
Durch Hinzufügung von Camembertkultur 30 Minuten vor dem Einlaben wird gesichert, daß sich der Pilz auch wirklich in die gewünschte Geschmacksrichtung entwickelt. Zusätzlich kann der Käse mit in warmem Wasser aufgelöster Camembertkultur besprüht werden.
Wenn der Käse reif ist – er soll weich, aber nicht zu weich sein, und der Kern soll „durch" sein –, wird er, so wie er ist, gegessen.

Brimsen I

Dieses Rezept stammt aus den Karpaten. Die Milch wird in 20 Minuten dickgelegt, und der Bruch händisch, das heißt mit den Fingern, zerdrückt und zusammengedrückt. Dann wird er in einem Tuch zum Abtropfen aufgehängt. Wenn die Molke abgelaufen ist, wird die Masse gut mit Salz durchgeknetet und in ein Faß gegeben, wo sie 3–4 Wochen reifen muß.

Brimsen II

Dieses Rezept stammt aus den ungarischen Karpaten. Die Milch wird kalt eingelabt und dann erwärmt. Der Bruch wird mit den Händen gemacht, wie im Rezept Brimsen I beschrieben. Der Bruch wird in ein Tuch gegeben und bleibt 14 Tage lang hängen. Dann wird der Käse mit Salz vermischt und zwischen Steinwalzen zerkleinert. Hernach wird die Käsemasse in Fässer gedrückt, wo sie zur Reifung einige Wochen benötigt.

Mainzer Handkäse

Magermilch und Buttermilch wird gemischt und bis zum nächsten Morgen stehen gelassen. Sehr langsam – in 1–1½ Stunden – wird die Milch auf 45 Grad C erwärmt. Nach einer Stunde wird die oben liegende Molke zur Gänze vorsichtig mit einem Heber abgezogen. Der Topfen wird abgekühlt und durch eine Topfenmühle getrieben. Gleichzeitig fügt man Salz, eventuell auch Kümmel oder andere Gewürze hinzu. Der Topfen kommt in einen Leinensack, den man in einen viereckigen Preßkasten steckt, wo er gepreßt wird. Dann werden mit der Hand kleine Käse geformt. Diese bleiben 6–12 Stunden liegen und werden dann getrocknet. Im Sommer geschieht das in gut durchlüfteten Räumen, im Winter in geheizten Trockenkammern bei 30–40 Grad C. Wenn die Käse bröckelig geworden sind – sie dürfen nicht zu hart werden –, kommen sie in den Reifungsraum, der 12–15 Grad C haben soll. Wenn die Käse feucht zu werden beginnen, werden sie 10–15 Minuten lang gewaschen und kommen dann wieder in den Reifungsraum zurück. Ist die Reifung einige Millimeter in den Käse eingedrungen, sind die Handkäse fertig zum Verzehr.

Verkauf von Frischkäse

Wegen der geringen Haltbarkeit (1 bis 2 Wochen), müssen wir zusehen, daß der Frischkäse bald dem Verzehr zugeführt wird oder raschest auf den Markt gebracht wird. Es ist besser, wir machen kleinere Portionen (¼ l) als zu große. Wir müssen uns auch klar sein, daß wir nur so viel Frischkäse erzeugen sollen, als wir tatsächlich brauchen oder raschest verkaufen können.

Die beste Form des Verkaufes ist die Direktvermarktung, sei es am Markt oder durch Hauslieferung. Problematisch wird es über einen Käsegrossisten, weil der Frischkäse zu lange unterwegs sein kann. Genauso problematisch ist der Verkauf über Detailgeschäfte mit geringem Absatz.

Liegt der Käse zu lange beim Verkäufer, womöglich noch offen neben anderen Käsen, so siedeln sich rasch, wie wir schon wissen, alle möglichen unerwünschten Bakterien darauf an. Sollte es dann nach Tagen zu einer Lebensmitteluntersuchung kommen, sind wir nur mehr verwundert über die hohen Bakterienzahlen. Auch wenn wir sorgfältigst gearbeitet haben, fällt so eine ungünstige Prüfung auf den Hersteller zurück. Der Käse wird daher ein schlechtes Bild rienzahlen. Es sollte daher jeder, der Frischkäse über den Einzelhandel verkauft, genau kontrollieren, ob der Verkäufer den Käse auch richtig behandeln kann. Im ungünstigsten Fall müssen wir den Käse wieder zurücknehmen, nur um unserem Ruf nicht zu schaden.

Verpackung von Frischkäse

Weil Frischkäse sehr weich ist, können wir ihn bestens in Plastikbecher mit Klarsichtdeckel verpacken. Das Becherl soll etwa der Größe des Käses angepaßt sein, weil zuviel Luft dem Käse schadet. Bei längerer Verpackungszeit können wir den Becher an einer Stelle leicht geöffnet lassen, so daß ein „Schneewittchensarg" entsteht und etwas Frischluft zum Käse kommt. Wir müssen bedenken, daß Käse stets etwas Frischluft benötigt, daß sich aber bei zuviel Luft rasch Hefepilze ansiedeln.

Der Erlauftaler wird in Pergamentpapier gelegt und in eine passende Plastikdose verpackt, wobei der Käse in Molke schwimmt.

Der Gupf wird ebenfalls zu 4 oder 9 Stück in ein entsprechendes Plastikgefäß verpackt, wobei etwas Molke zur besseren Haltbarkeit darübergegossen wird.

Handkäse und Schichtkäse werden in sogenannten „Salatschüsserln" entsprechend ihrer Größe einzeln verpackt und aufbewahrt.

Sollten wir Frischkäse über den Handel verkaufen, sind auf der Verpackung, dem *Lebensmittelgesetz* entsprechend, folgende Vermerke zu notieren: Art des Käses, Datum der Herstellung, Hersteller, Fettgehalt in der Trockenmasse (F.i.T.) bzw. „mit natürlichem Fettgehalt" oder „aus vollfetter Milch", Gewicht. Wir können eine eigene Etikette entwickeln, die gleichzeitig die Visitenkarte des Bauernhofes darstellt.

Vielfach macht die Art der Verpackung die Verkaufbarkeit eines Produktes aus. Wir werden uns daher auch mit der Verpackung Mühe geben, damit der gute Käse ein entsprechendes Aussehen erhält und eine verkaufswirksame Verpackung dazu beiträgt, daß sich unsere Arbeit lohnt. Vergleichen wir die verschiedenen Käsesorten und deren Verpackung in einem Spezialgeschäft, und beobachten wir einmal selbst, wie wir dem Zauber der Verpackung unterliegen.

Weichkäse

Wir haben schon besten Topfen und Frischkäse hergestellt und möchten nun einen Käse machen, der sich über längere Zeit halten soll, eine gewisse Zeit zum Reifen braucht, auf Vorrat gearbeitet werden kann, der eine weitere Abwechslung für den Speisezettel darstellt oder einfach eine Herausforderung für Experimentierfreudige ist. Fangen wir ruhig und mit großer Vorfreude an, aber auch mit größter Aufmerksamkeit auf Milchgüte, Hygiene bei der Herstellung und Reifung, genaue Temperatur und exakte Bearbeitung.

Wie bei den Frischkäserezepten gibt es auch hier einige Rezepte in verschiedenen Varianten. Es ist gut, sich selbst das Beste und Sinnvollste für seinen Betrieb auszusuchen. Die übrigen sollten als Anregung für neue Ideen in der Käseerzeugung dienen.

Oft sind ungenaue Angaben über Zeit und Temperaturen gemacht. Wir haben nun schon so viel Erfahrung vom Frischkäse, daß wir wissen, daß in der Käseerzeugung ein Großteil die Erfahrung ausmacht. Wir wissen, daß zwar immer ein Käse wird, wir aber erst nach einiger Übung auch den gewissen Dreh heraußen haben. Nichts geht in der Weichkäseherstellung über das Probieren. Sollte einmal ein Käse nicht so werden, wie wir uns das vorgestellt haben, so können wir in den Rezepten nachlesen und eventuell die Fehler erkennen. Ein exaktes Aufschreiben über die Machart kann uns ebenfalls weiterhelfen.

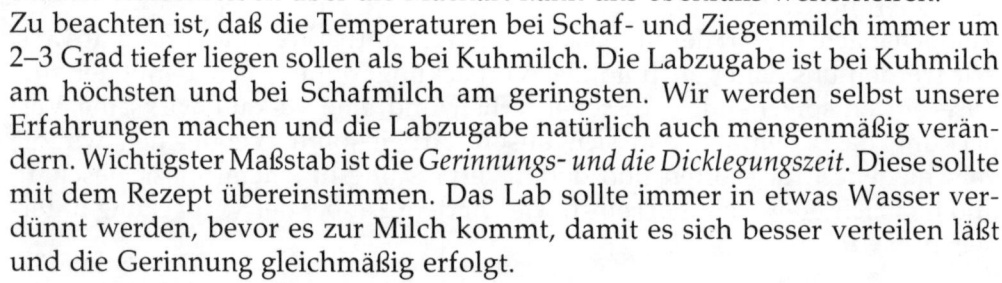

Zu beachten ist, daß die Temperaturen bei Schaf- und Ziegenmilch immer um 2–3 Grad tiefer liegen sollen als bei Kuhmilch. Die Labzugabe ist bei Kuhmilch am höchsten und bei Schafmilch am geringsten. Wir werden selbst unsere Erfahrungen machen und die Labzugabe natürlich auch mengenmäßig verändern. Wichtigster Maßstab ist die *Gerinnungs- und die Dicklegungszeit*. Diese sollte mit dem Rezept übereinstimmen. Das Lab sollte immer in etwas Wasser verdünnt werden, bevor es zur Milch kommt, damit es sich besser verteilen läßt und die Gerinnung gleichmäßig erfolgt.

Weichkäse-Grundrezept

Übersicht

- Zugabe von Wasser: 10% (Kuh, Ziege) bzw. 20–30% (Schaf)
- impfen mit Säurewecker (und speziellen Kulturen): 1–3%
- Inkubationszeit: 15–45 Minuten
- erwärmen: auf ca. 30 Grad C
- Labzugabe: 15–20 ml/100 l Milch
- Gerinnungs- und Dickungszeit: 15–25 bzw. 30–45 Minuten
- Bruch schneiden: 1–2 cm
- Bruch setzen lassen, nachdicken: ca. 15 Minuten
- Bruch umlegen oder verziehen: 20–30 Minuten (je nach Käsesorte)
- abfüllen: in Formen
- wenden: 3–6mal
- Molke abrinnen lassen und durchsäuern: bei ca. 20 Grad C, ca. 20 Stunden
- salzen: trocken oder naß
- reifen: je nach Sorte 1–3 Wochen
- verpacken: in Spezialpapier oder -folie
- lagern

Herstellung eines Weichkäserohlings

Wir verwenden Rohmilch bester Güte oder pasteurisierte Milch. Zur besseren Bearbeitung geben wir ca. 10% Wasser (bei Schafmilch 20–30%) dazu. Das ist notwendig, weil wir den Käsebruch „umlegen" müssen und wir im Verhältnis zur dicken Masse mehr Flüssigkeit brauchen, damit wir besser arbeiten können. Das Wasser, das wir zufügen, kann warm (bis zu 70 Grad) sein, weil damit die Milch gleich angewärmt wird. Wird eigenes Brunnen- oder Quellwasser verwendet, sollten wir die Wassergüte vorher kontrollieren lassen, denn wenn die Milch auch noch so gut ist, wenn wir schlechtes Wasser beimengen, kann der Käse nicht gut gelingen.

Wenn die Milch pasteurisiert wurde, müssen wir vor dem Einlaben 10 Gramm $CaCl_2$ (Calciumchlorid) auf 100 Liter Milch zufügen, sobald der Bruch nicht fest genug wird.

Zu dem Wasser-Milch-Gemisch geben wir *Milchsäure-Kultur* zu, sei es in Reinkultur oder in Form von Buttermilch, Sauermilch oder guter Molke, und zwar ca. 0,5–2% des Milchanteils. Nach etwa 15–45 Minuten Inkubationszeit beginnen wir die Milch langsam im *Wasserbad* zu erwärmen. Wenn die Milch 30–32 Grad C hat, geben wir die nötige *Labmenge* dazu (bei Lab 1:15.000 sind das 1 ml/15 l Milch oder 3–6 Tropfen Flüssiglab pro Liter Milch). Die *Dickungszeit* ist wesentlich geringer als beim Topfen, weil wir bei höherer Temperatur einlaben. Sie beträgt etwa 30–50 Minuten. Wichtig ist, daß wir den Milchtopf im Wasserbad stehenlassen und zugedeckt haben, damit die Temperatur möglichst gleichmäßig gehalten werden kann. (Vorsicht mit der Wassertemperatur! Die Milch soll nicht heißer werden.)

Schneiden der Gallerte

Nach 30–40 Minuten soll die Milch gestockt sein. Wir machen die *Schnittprobe:* Wir tauchen ein Messer in die Gallerte, drehen es flach zur Seite und heben es heraus. Der Bruch muß glatt und fest nach beiden Seiten auseinanderfallen. *Wir schneiden die Gallerte* in 1–2 cm große Würfel. Durch das kleinere Schneiden im Vergleich zu Frischkäse tritt mehr Molke in kürzerer Zeit aus der Käsemasse. Der Weichkäse wird fester als Frischkäse.
Um den Bruch zu schneiden, müssen wir dazu die *Käseharfe* längs, quer und horizontal durch die Gallerte ziehen. Haben wir keine Käseharfe, nehmen wir ein sehr langes Messer und schneiden längs, quer und sodann nach beiden Richtungen schräg – so gut es geht –, damit die Käsesäulen in Würfel geschnitten werden.
Schoppt sich beim Durchziehen die Käsemasse vor der Käseharfe, haben wir schon etwas zu spät zu schneiden begonnen und müssen nächstes Mal die Dickungszeit besser beobachten. Das können wir, indem wir die Gerinnungszeit (siehe Anhang) feststellen. Nach nochmals soviel Zeit ist die Gallerte fest genug zum Schneiden.

Bruch umlegen

Nach dem Schneiden warten wir etwa 15 Minuten, bis sich der Bruch etwas zusammengezogen hat und die Molke sichtbar wird. Nun beginnen wir, den *Bruch umzulegen oder zu verziehen.* Wir ziehen mit einer flachen, breiten Schmarrnschaufel oder mit dem Verziehblech sehr vorsichtig den Bruch von einem Rand des Topfes zum anderen Rand hin. So legt sich der Bruch übereinander, und die unteren Bruchwürfel erscheinen. Nach einer Pause ziehen wir wieder vorsichtig und mit Gefühl den Bruch über und wiederholen nach einer weiteren Pause den Vorgang. Wir legen den Bruch so lange um, bis alle

Frisch- und Weichkäseherstellung: Die entstandene Gallerte wird mit einem Messer in gleichmäßige Quadrate geschnitten.

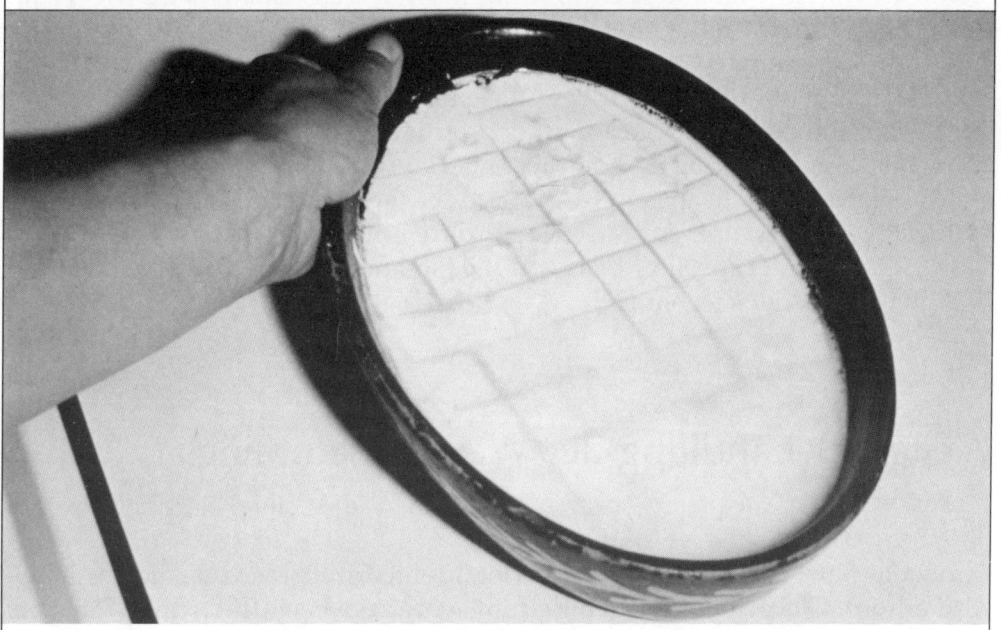

War der Zeitpunkt richtig, so beginnt sich nach einigen Minuten gelbgrüne Molke abzusetzen.

unteren Schichten oben sind. Dann ist die Käsemasse fertig umgelegt. Dies ist nun schwer zu beschreiben. Da sollten wir doch einmal einer Käsemeisterin oder einem Käsemeister über die Schulter schauen. „Das hat man halt so im Griff." Wir können – wie so manch ein Käser – die Griffprobe machen. Dazu nehmen wir eine Handvoll (Vorsicht! Nur mit wirklich sauberer Hand!) Käsebruch und drücken diesen zusammen. Die einzelnen Bruchkörner müssen, wenn wir die Faust wieder öffnen, auseinanderfallen. Wenn wir es ein paarmal probiert haben, lernen wir schnell, es selbst gut in den Griff zu bekommen.

Wir können auch ein einzelnes Bruchkorn herausnehmen und zwischen Daumen und Zeigefinger leicht zusammendrücken. Das Bruchkorn muß leicht elastisch, aber noch nicht verhärtet sein. Dieser Vorgang wird 30–40 Minuten dauern (siehe Anhang).

Nach ungefähr einer ½ bis einer ¾ Stunde sind wir mit dem Umlegen fertig. Die meiste Molke hat sich bereits abgesondert, der Käsebruch darf sich nicht am Boden festsetzen. So wird die Käsemasse in Formen, die gerade und gelocht – aber ohne Boden – sind, gefüllt. Diese werden auf ein Ablauf-Brett gestellt, möglichst mit einem Fliegengitter oder eventuell einer Strohmatte als Unterlage. So kann die Molke schnell abrinnen.

Nach 5–10 Minuten wenden wir den Käse das erste Mal, nach einer halben Stunde das zweite Mal und nach 1½ Stunden nochmals. Später wird wiederum 2–3mal gewendet, immer in größeren Zeitabständen. Man kann die ganze Käsepartie auf einmal wenden, wenn man das Ablaufgitter darüberstürzt, die beiden Gitter faßt und mitsamt dem Käse umdreht.

Der Käserohling ist in ca. 15–20 Stunden fertig.

Wenn der Käse fest genug ist, kommt er aus der Form, wird gesalzen und einige Male innerhalb der nächsten 18–20 Stunden gewendet. Dann ist sämtliche Molke abgeronnen, und der Käse ist gut durchsäuert.

Die *Ausbeute* beträgt 25–30 kg Käse von 100 Liter Schafmilch, 20–25 kg Käse von 100 Liter Kuh- oder Ziegenmilch.

Weitere Behandlung des Weichkäserohlings

Salzen

Durch das Salzen wird der Käse gehärtet, Molke tritt besser aus, die Festigkeit wird erhöht. Gleichzeitig werden Reifungsvorgänge beeinflußt, unerwünschte Keime werden gehemmt, Rotschmierebakterien werden gefördert. Der Käse wird würzig.

Es kann auf zweierlei Arten geschehen:
a) Trockensalzen
b) Salzen im Salzbad

a) Trockensalzen

Wir überstreuen den Käserohling von allen Seiten kräftig mit grobem Salz oder wälzen ihn rundum in Salz. Alles Salz, das daran haftenbleibt, ist richtig. Am nächsten Tag drehen wir den Käse um, salzen nochmals mit Trockensalz oder mit der herausgeronnenen Salzlake.

b) Salzen im Salzbad

Auf 1 Liter Wasser geben wir 20 dag Salz und lösen es auf. Darin wird der Käserohling je nach Größe 2 bis 6 Stunden gelassen, einmal zwischendurch umgedreht und dann zum Abtrocknen auf ein Brettchen gelegt, welches schräg gestellt wird.

Verschweißen des Käses in eine Folie

Zur Haltbarmachung des Weichkäses wird dieser nach dem Tauchen in eine kochende 20%-Salzlösung zur Sterilisierung (Vorsicht wegen Verbrennungen) in eine spezielle Käsefolie (Saranfolie: Gasaustausch von innen nach außen) eingewickelt, die durch eine Spezialheizplatte am Boden verschweißt wird (Fa. Anger, Korneuburg). Kühl gelagert (5 Grad), kann der Käse ca. ein Jahr lang frisch bleiben.

Behandlung mit Rotschmiere

Der Käserohling wird täglich, später jeden zweiten Tag mit einer 5%igen Salzlösung, die mit Rotschmierebakterien angereichert sein muß, geschmiert, also feucht abgerieben (nicht waschen). So entwickelt der Käse zuerst eine Rotschmiereschicht und sodann eine Rinde. Rotschmiere kann in Reinkultur von verschiedenen Labors bezogen werden, was für den größeren Käsehersteller wichtig ist. Wir behelfen uns eventuell damit, wenn sich nicht sowieso schon am 4.–5. Tag eine Rotschmiere zeigt, daß wir einen guten Rotschmierekäse kaufen, die Rinde mit warmem Wasser abwaschen und mit dieser mit Rotschmierebakterien angereicherten Flüssigkeit die Käse abwischen. (Wir übertragen allerdings so auch alle anderen, möglicherweise unerwünschten Bakterien des „fremden" Käses.) Jeden Tag, wenn wir schmieren, werden die Käse umgedreht. Die trockene, nicht zu schmierende Seite kommt nach unten. Die Fläche, die nun nach oben liegt, und der Rand werden mit der Schmiere, die sich bildet, eingeschmiert. Beginnend nimmt man ein wenig Wasser, in dem Salz aufgelöst ist. Die schmierige Flüssigkeit, die bald entsteht, wird nicht weggegeben, nur dann, wenn sich falsche (grellgelbe, schwarze) Pilze ansetzen. Dann wäscht man die Käse mit Essigwasser ab, erneuert Schmiere und Brettchen und beginnt wieder zu schmieren. Eine Regel ist, wenn man mehrere Käse hat, daß man immer zuerst die älteren Käse, auf denen sich schon Rotschmierebakterien gebildet haben, schmiert, weil sich die neueren Käse dann schon mit der richtigen Kultur überziehen.

Hat der Käse nach einigen Tagen eine gute Rinde gebildet, kommt er in den Reifungskeller. Wir können den Käse aber auch zur besseren Lagerung in Käsereiwachs eintauchen und somit gut abdichten, gegen Fliegen und vor allem auch vor dem Austrocknen schützen. Gut gewachster Käse hält sich bei niedriger Temperatur (5 Grad) sehr lange und reift erst aus, wenn wir den Käse 1 bis 2 Wochen vor dem Verzehr in einen temperierten Raum legen.

Weichkäserezepte

Käse nach Art des Camembert

Mit dem Weichkäse-Grundrezept können wir besten Camembert machen. Wir benötigen dazu eine Camembert-Reinkultur aus dem Labor. Wir geben schon ein wenig dieser Kultur in die Milch, wenn wir den Säurestarter hinzufügen. So verteilen sich die Camembert-Pilze gleichmäßig in der ganzen Milch. Wir können zusätzlich auch dem Salzbad Camembert-Kultur beifügen.

Wir stellen sodann einige Käserohlinge nach dem Weichkäse-Rezept her. Wenn wir den Käserohling haben, wird dieser in 20%iger Salzlake 2 Stunden gesalzen. Nach dem Salzbad lassen wir den Käse an der Oberfläche etwas übertrocknen und legen ihn in den Reifungsraum, der 12–15 Grad C und 90–95% Luftfeuchtigkeit haben soll. Der Käse wird auf Gitterroste gelegt, damit von allen Seiten Luft dazu kann.

Der Käse wird nach dem Salzbad, nachdem er etwas übertrocknet ist, mit Camembert-Kultur, die in warmem Wasser aufgelöst wurde, mit einem Zerstäuber zuerst von einer Seite besprüht. Später, nach 1–2 Stunden, wird er umgedreht und wieder besprüht. Nach weiteren 2 Stunden wird er im Reifungsraum auf Gitterborde gelagert, damit die Luft von allen Seiten dazukommen kann.

Der Camembert-Rohling überzieht sich in einigen Tagen rundum mit einer Weißschimmelschichte.

Der Käse muß nach der Besprühung mit der Schimmelkultur antrocknen, bevor er in den Reifungsraum gelegt wird. Tun wir das nicht, so bildet sich eine Haut, die sich später beim Angreifen ablöst.

Wir können auch den Reifungsraum vor der ersten Beschickung mit Käse mit Camembertkulturen aussprühen. So werden die richtigen Bakterien im ganzen Raum verteilt. Der Reifungskeller ist somit nur mehr für camembertähnliche Käse zu verwenden, weil sich der Weißschimmel an allen Käsen ansetzen wird. Nachdem wir den Käse in den Reifungskeller gelegt haben, wird sich nach 4–5 Tagen schon ein wenig Schimmel am Käse angesetzt haben. Wir wenden den Käse am 5. oder 6. Tag, damit der Schimmel gleichmäßig wächst. Nach 9–10 Tagen wird der Schimmelrasen dicht genug sein.

Ist der Käse dann dicht damit besiedelt, wird er in ein Camembert-Spezialpapier verpackt, kommt in einen separaten Kühlraum bei 5 Grad C und wird so gelagert. Dieser kann auch aus einer größeren Plastikdose mit Deckel bestehen. Der Deckel soll nicht ganz verschlossen werden. Es ist bei Käse immer wichtig, daß frische Luft dazukommen kann. Die Camembert-Pilze sind Lebewesen, die Luft benötigen, um sich zu vermehren. Nach 5–8 Wochen wird der Camembert richtig zum Verzehr sein.

Wichtig ist, daß wir das Herstelldatum zu jedem Käse notieren, auch den verpackten Käse markieren, damit immer der reife Käse gefunden werden kann.

Weißschimmelkäse (Taleggio)

Die Milch wird mit Säurewecker (0,5–1% Buttermilch oder Sauermilch) versetzt. Nach 15 Minuten wird die Milch vorsichtig im Wasserbad erwärmt. Bei 35 Grad C wird eingelabt (9 Tropfen pro Liter Milch). Nach 20–30 Minuten kann die Gallerte schon geschnitten werden. Wir schneiden im Abstand von 0,5 bis 1 cm und rühren den Bruch langsam und vorsichtig, bis sich die Molke stark absondert.

Die Käsemasse wird in rechteckige Formen gefüllt und abtropfen gelassen. Bei 10–15 Grad C wird der Käse in den Formen gelagert, bis sich Weißschimmel zeigt. Dann wird der Käse aus der Form genommen, vom Schimmel gereinigt, in kleinere Stücke geschnitten, gesalzen und bei 10 Grad C ungefähr 4–6 Wochen gelagert.

Echter Camembert

Zu echtem Camembert werden verschiedene Kulturen verwendet. In die Milch kommen Camembertkulturen. Dem Salzbad wird Rotschmierekultur beigefügt. Nach Abtrocknen der Käse nach dem Salzbad wird darüber Camembertkultur gesprüht. So erhält der Käse zuerst eine feine Rotschmiereschichte, auf der sich Camembertschimmel ausbreiten kann.

Bei allen Schimmelkäsen ist wichtig, daß einwandfreie Reifungsräume vorhanden sind und kein Fremdschimmel eingeschleppt wird.

Weißschimmelkäse nach Art des Brie

Dieser französische Weißschimmelkäse läßt sich auch zu Hause mit Kuh-, Schaf- oder Ziegenmilch relativ leicht herstellen.

Die Milch kann eventuell auf 65–70 Grad erhitzt und dann rasch abgekühlt (pasteurisiert) werden. Bei 22–24 Grad C wird Schimmelkultur (Penicillium candidum) und Säurestarter zugesetzt und 30 Minuten vorreifen gelassen (Inkubationszeit). Bei 33 Grad C wird mit 0,2 ml oder 6 Tropfen Lab/l Milch eingelabt.

Nach 1 Stunde wird in 2 cm Breite geschnitten oder verschöpft, wie das ursprüngliche Rezept vorsieht. Nach weiteren 15 Minuten wird der Bruch vorsichtig überzogen. Die meiste Molke wird abgezogen und der Bruch in große runde, flache Lochformen gefüllt (Durchmesser 25–30 cm, Höhe 15 cm).

Bei 24 Grad C entmolkt der Käse ca. 20 Stunden und wird dann im Salzbad 1–2 Stunden gesalzen.

Wird der Käse aus dem Salzbad genommen, kommt er auf Gitterhorden. Nachdem er abgetrocknet ist, wird er mit aufgelöster Pilzkultur allseitig übersprüht. Bei 14 Grad C und 95 % Luftfeuchte entwickelt sich der Pilz innerhalb von 10 Tagen. So wird der Käse in Spezialpapier gewickelt und 3–4 Wochen reifen gelassen.

Doppelschimmelkäse

Wir verwenden das Grundrezept von Weichkäse und fügen der Milch vor dem Einlaben mit dem Säurewecker auch reine Grünschimmelkultur zu. Dann stellen wir den Käse nach dem obenangeführten Rezept her. Nach dem Salzbad jedoch behandeln wir den Käse mit Camembertkultur und erreichen so, daß der Käse innen würzig und außen mild wird. Das erfordert einige Erfahrung bei der Behandlung der Schimmelkulturen, da sich diese gegenseitig hemmen. Der Käse muß pikiert werden, damit der Luftzutritt auch innen die Schimmelbildung ermöglicht.

Edelpilzkäse – Käse nach Roquefort-Art

Der echte Roquefort, dessen Name geschützt ist, wird aus reiner Schafmilch hergestellt. Wir verwenden die Milch, die wir haben.

Als Rezept verwenden wir ein Grundrezept von Weichkäse.
Beim Abschöpfen des Bruchs in Formen wird Blauschimmelkultur zwischen die Lagen gestreut. Der Käse wird stark gesalzen. Wir salzen 3mal, wenn wir trocken salzen, bzw. lassen ihn länger, je nach Größe, in dem Salzbad.
Der Käse soll leicht antrocknen, bevor er in den Reifungskeller kommt. Zuerst bekommt er einen Weißschimmelbelag, den wir abwaschen. Nach einigen Tagen wird mit einer Stricknadel, die 5 mm dick ist, der Käse öfters angestochen. Ein Käse mit 30 cm Durchmesser bekommt ca. 35 Stiche. Wir können uns auch ein Nagelbrett machen, so wird der Käse in einem Vorgang gestochen. Mehr Stiche ergeben eine stärkere Entwicklung des Schimmelpilzes.
Stichöffnungen dürfen sich während des Reifungsprozesses nicht verschließen, dies ist bei zu hohen Temperaturen der Fall. Die Käseoberfläche muß öfters abgeschabt werden, so daß wieder Luft in die Stichöffnungen gelangen kann. Ein Abwischen verklebt die Einstiche.
Der Schimmel bewirkt die Spaltung des Fettes der Milch, dadurch entsteht der spezifische Geschmack. Daher benötigen wir fettreiche Milch.
Die Reifungszeit beträgt 4–6 Wochen. Dann wird der Käse gut und fest in Alufolie verpackt und bei 5 Grad C gelagert.
Mit Nachdruck ist darauf hinzuweisen, daß wir keinen Brotschimmel für diesen Käse verwenden dürfen, obwohl immer noch die Meinung besteht, dies wäre die richtige Kultur. Brotschimmel erzeugt Aflatoxine, die für den Menschen gefährlich sind.

Käse nach Art des Gorgonzola

Abend- und Morgenmilch werden vermischt und mit Säurewecker versetzt. In diese Milch mischen wir nun Gorgonzolakultur dazu und lassen sie 30 Minuten lang stehen.
Die Gorgonzolapilze erhalten wir vom Labor, oder wir lösen von einem guten Käse ein Stück in warmem Wasser auf.
Die Milch wird sodann auf 30 Grad erwärmt und mit 9 Tropfen Lab eingelabt. Wenn die Milch dick genug ist, das ist nach 45 Minuten, wird die Gallerte in Würfel mit 1 cm Größe geschnitten. Nach einigen Minuten wird der Bruch in gelochte Formen gefüllt und mit leichtem Druck gepreßt. Nach 2 Stunden wird einmal gewendet und dann nochmals nach einigen Stunden. Am nächsten Tag ist der Käse fest genug, er kann aus der Form genommen werden. Der Käse soll bei Zimmertemperatur 2 Tage lang trocknen. Dann kommt er in einen speziellen Lagerraum, der 10–12 Grad C und 85–95% Luftfeuchtigkeit haben sollte. Ist der Raum zu trocken, können nasse Tücher aufgehängt werden. Wenn sich der

blaue Schimmel zeigt, wird der Käse mit Salz eingerieben und mit einer Nadel angestochen. So entstehen Luftkanäle, in denen der Schimmel nach innen wachsen kann und den Käse auch im Innern durchzieht. Wenn der Käse mit blauem Schimmel gut durchzogen und überwachsen ist, wird er in Alufolie gewickelt und in einem kühlen Raum bei 5 Grad C oder im Kühlschrank gelagert. Der Käse ist, wenn er reif ist, baldigst zu essen.

Käse in Weinblättern

Wir verwenden Ziegen- oder Schafmilch wegen des arteigenen würzigen Geschmacks, können diesen Käse aber ebenso aus Kuhmilch herstellen. Die Milch wird mit Säurewecker (1% Buttermilch) versetzt. Nach 15 Minuten wird vorsichtig im Wasserbad auf 34 Grad C erwärmt und mit 6 Tropfen Lab pro Liter Milch eingelabt. Wenn die Milch dick ist, wird diese in 0,5 cm große Würfel geschnitten. Nach 15 Minuten wird vorsichtig nachgewärmt und dabei ständig gerührt, bis die Milch 34–36 Grad C hat. Der Bruch soll sehr fein sein und die Größe etwa einem Getreidekorn entsprechen.
Die Masse wird in gelochte, zylindrische Formen mit 8–10 cm Durchmesser gefüllt und etwas gepreßt. Wenn der Käse fest genug ist, wird dieser aus den Formen genommen und gesalzen. Danach tauchen wir die Laibe kurz in Kognak oder Schnaps und wickeln sie in Nuß- oder Weinblätter. Sie reifen in ca. 2 Wochen bei 15 Grad C.

Kleiner Laibkäse

Dieser vollfette, milde Schafkäse wird aus 3–5 Liter frischer, süßer Vollmilch gemacht. Wir erwärmen die Milch sehr vorsichtig auf 22 Grad C, laben bei dieser Temperatur mit 3–6 Tropfen Lab pro Liter Milch ein und rühren gut durch. Wir lassen die Milch noch im Wasserbad und erwärmen langsam weiter auf 28 Grad C. Nun nehmen wir den Topf vom Herd und lassen die Milch zugedeckt stehen. Die Temperatur soll nicht zu rasch absinken. Wenn die Gallerte richtig zum Schneiden ist, rühren wir ganz vorsichtig um, so daß wir die Gallerte brechen, der Bruch aber nicht verrührt, sondern möglichst in gleichmäßige Stücke geteilt wird. Die Molke sondert sich rasch ab, und wir machen die Griffprobe. Der Bruch darf nicht zusammenkleben. Eventuell müssen wir etwas nachwärmen auf 28–32 Grad C.
In ein feuchtes Seihtuch, das wir in einen Weitling oder in eine größere Schüssel legen, füllen wir die Käsemasse mit einem Siebschöpfer ab. Wir heben an den vier Zipfeln des Tuches, jeweils zwei in einer Hand, die Käsemasse hoch und lassen die meiste Molke abfließen. Die Käsemasse wiegen wir nun langsam im Tuch hin und her, indem wir immer abwechselnd eine Hand heben und die

andere Hand etwas senken. Es entsteht so eine Käsekugel, die nicht am Tuch kleben soll. Die gesamte Molke fließt sehr schnell ab.

Wir legen die Käsekugel mit dem Tuch in die bereitgestellte runde Form, schlagen das Tuch glatt über dem Käse zusammen. Der Käse wird noch nicht beschwert. Nach 10 Minuten wenden wir den Käse im Tuch, nach weiteren 20 und dann 30 Minuten wird der Käse nochmals gewendet. Dann entfernen wir das Tuch, und der Käse liegt nun direkt in der Form. Nun decken wir den Käse mit einem passenden Holzbrettchen ab und beschweren ihn mit einem in die Form passenden Gefäß (Einsiedeglas, Milchkanne), in das wir zuerst ½ Liter Wasser füllen. Nach 2 Stunden wenden wir den Käse und füllen das Gefäß nun mit 1 Liter Wasser an. Nach weiteren 2–4 Stunden wenden wir den Käse nochmals und füllen das Gefäß voll (2–3 Liter), und so beschwert, lassen wir den Käse 12–24 Stunden stehen. Wir können ein weiteres Mal wenden.

Nun ist der Käserohling fertig. Er wird trocken oder naß gesalzen, auf ein Brett gelegt und öfters gewendet, bis er nach einigen Tag gut abgetrocknet ist. Der Käse kann nun entweder geschmiert werden, oder er wird mit einer Käsewachsschichte überzogen. Die Reifezeit beträgt 3–4 Wochen. Kühl bei 5 Grad C gelagert, hält er einige Monate.

Milder Schafkäse

Wir verwenden eine mit Rahm angereicherte Schafmilch. So wird der Käse ähnlich dem Mozzarella, der in Italien aus Büffelmilch hergestellt wird, schmecken. Er ist sehr milde und weich.

Der Käse wird wie der „Kleine Laibkäse" (siehe oben) hergestellt und nach dem Salzen bei hochsommerlicher Temperatur (ca. 30 Grad C), gut gegen Fliegen geschützt, 1–2 Wochen zur Reifung gelagert.

Käse nach Hohenheimer Art

In die Milch geben wir bis zu 5% Säurewecker in Form von frischer Buttermilch und lassen die Milch 1 Stunde durchsäuern. Bei 30 Grad C wird eingelabt und 1–2 Minuten lang gut durchgerührt. Nach 45 Minuten soll die Milch dickgelegt sein. Nach der Schnittprobe schneiden wir die Gallerte in 2 cm Abstand und lassen den Bruch einige Zeit ruhen, bis sich die Molke abzusetzen beginnt. Nun füllen wir den Bruch in gelochte, leicht konische Käseformen oder in gelochte Röhren, die wir auf ein Fliegengitter stellen. Dann stellen wir die Käse zum Abtropfen auf ein Käsebrett. Nach 10 Minuten wenden wir den Käse, und nach weiteren 20 Minuten wenden wir ein zweites Mal, damit die Molke gut und gleichmäßig abrinnen kann. Der Käse bleibt 12 Stunden in der Form. Dann wird er auf ein Käsebrett gestürzt, gesalzen oder in ein Salzbad (2 Stunden bei kleinen Käschen) gelegt. Wenn der Käse gesalzen ist, kommt er auf ein trockenes Brett, damit er gut abtrocknen kann, was 1–2 Tage dauert. Dann wird der Käse in Alufolie gewickelt und bei 5 Grad C bis zu 14 Tage gelagert.

Frischer Rahmkäse

Zu 10 Liter Kuhmilch geben wir noch 0,1 Liter frischen Rahm. Bei 33–36 Grad C wird eingelabt und die Milch in 20–30 Minuten dickgelegt. Dann wird die Gallerte in 1 cm Abstand geschnitten, so daß der Bruch haselnußgroß wird. Der Bruch wird nach einiger Zeit nachgewärmt auf 35–38 Grad C und gleich in gelochte Käseformen gefüllt. 24 Stunden bleibt der Käse zum Abtropfen in den Formen. Dann wird er auf ein Käsebrett gestürzt. Die Käse werden rundum mit Salz eingerieben und kommen in den Reifungsraum. Dieser soll 12–14 Grad C und eine hohe Luftfeuchtigkeit haben. Nach einigen Tagen setzen die Käse etwas Schmiere an. Nun werden sie entweder gleich gegessen oder in Wachspapier gewickelt und sehr kühl gelagert.

Butterkäse

Die Milch wird bei hohen Temperaturen verarbeitet. Es muß daher sehr rasch gearbeitet werden.
Die Milch wird mit Milchsäurekultur (Buttermilch) vermischt und nach 15 Minuten unter ständigem Rühren auf 40 Grad C erwärmt. Nun wird eingelabt. Schon nach 15 Minuten soll geschnitten werden. Die Würfel sollen ziemlich groß sein, etwa 5 cm. Gleich nach dem Schneiden wird der Bruch gerührt und dabei zerkleinert oder gebrochen. Wir können das Brechen mit einer Käseharfe oder mit einem Käsebrecher vornehmen. Wir müssen in einem sehr warmen Raum arbeiten, weil die Milch nur langsam auskühlen soll.
Der Bruch muß ständig in Bewegung bleiben, da er sonst zusammenklebt. Nach 30–40 Minuten hat der Bruch Walnußgröße. Er wird eine gummiartige Konsistenz haben, weil die Temperaturen sehr hoch waren. Wir machen die Griffprobe.
Der Bruch wird in vorgewärmte Formen gefüllt, und schon nach 10 Minuten wird der Käse in eine mit einem warmen Tuch ausgeschlagene Form umgefüllt. Wir wenden bzw. tuchen 2–3mal um und müssen schnell arbeiten, damit keine Faltenabdrücke und Gruben entstehen. Der Käse soll eine glatte Oberfläche bekommen.
Nach 4–8 Stunden wird der Käse aus dem Tuch genommen und wieder in die Form zurückgegeben. Er kommt jetzt in einen Raum (Kochkiste) mit einer Temperatur von 30–35 Grad C und bleibt dort 6 Stunden. Anschließend kommt

er in einen normal temperierten Raum mit 20 Grad C und wird gesalzen, entweder trocken oder im Salzbad.

Nach einiger Zeit kommt der Käse in einen Reifungsraum, der 5 Grad C und 60–70% Luftfeuchtigkeit haben soll. (Der Kühlschrank ist zu trocken.) Wir müssen den Käse regelmäßig wenden, können ihn einwachsen oder in Folie verpacken. Die Reifungsdauer beträgt 4 Wochen bis 12 Monate. Der Käse hat wegen der Kombination hoher Lab- und sehr niederer Reifungstemperaturen einen milden Geschmack.

Pecorino

Die Milch wird mit Säurewecker (1% Sauer- oder Buttermilch) vermischt und nach einer Inkubationszeit von 20–30 Minuten vorsichtig auf 34 Grad C erwärmt. Nun wird mit 6 Tropfen Lab pro Liter Milch eingelabt. Die Milch wird rasch dickgelegt. Die Gallerte wird in 1–2 cm große Würfel geschnitten. Der Bruch bleibt einige Zeit in der Molke, bis er sich etwas zusammengezogen hat. Dann wird er in Käseformen abgefüllt, leicht hineingepreßt und gleich obenauf gesalzen. Nach 24 Stunden, wenn die ganze Molke abgelaufen ist, wird der Käse auf ein Käsebrett gestürzt und kommt in den Reifungskeller, der 15 Grad C haben soll. Nach 10 Tagen ist der Käse durchgereift und sollte bald gegessen werden.

Schloßkäse-Art

Die Milch wird im Wasserbad auf 30 Grad C erwärmt. Je Liter Milch wird 1 EL Buttermilch hinzugefügt und gut verrührt. Wir halten die Milch gut zugedeckt auf gleichmäßiger Temperatur. Nach 3 Stunden wird die gut durchsäuerte Milch mit 6 Tropfen Lab je Liter eingelabt. Die Gallerte soll sehr rasch fest werden. Wir warten, bis die Gallerte recht fest ist und schneiden nicht zu früh in 1,5 cm große Würfel. Dann lassen wir den Bruch 1 Stunde ruhen.

Unter vorsichtigem Rühren wird der Bruch auf 33–35 Grad C erwärmt, sodann gleich abgefüllt, wobei die Molke rasch abrinnen muß. Der Käse wird 5 Stunden lang, beginnend mit 100 g pro kg Käse, gepreßt und währenddessen 3–4mal gewendet, wobei der Druck jeweils erhöht wird.

Nach dieser Zeit kommt der Käse aus der Form heraus, wird rundum kräftig eingesalzen und in den Reifungskeller gelegt. Täglich wenden wir den Käse und schmieren ihn mit einer 5%igen Salzlösung. Die Rotschmiere, die sich bildet, gibt ihm auch den würzigen Geschmack. Nach 3–4 Wochen ist der Käse durchgereift.

Käse nach Edamer Art

Vollmilch wird mit Milchsäurewecker geimpft und nach 15–20 Minuten schonend auf 28 Grad C (Schafmilch) bzw. auf 30 Grad C (Kuhmilch) erwärmt. Wir laben die Milch bei dieser Temperatur mit 6–9 Tropfen Lab pro Liter ein und schneiden nach der Schnittprobe in 1-cm-Würfel. Nun lassen wir den Bruch ½ Stunde rasten, bis sich etwas Molke abgesondert hat. Wir verrühren den Bruch langsam und vorsichtig, erwärmen auf 36–38 Grad C und rühren bei dieser Temperatur 10 Minuten lang weiter. Dann füllen wir die Käsemasse in eine Form und stellen diese in die Molke, so daß der Käse bedeckt ist. Wir pressen den Käse unter der Molke 15 Minuten lang mit einem Gewicht von 200 g pro kg Käse. Dann heben wir die Form mit dem Käse aus der Molke, wenden den Käse in der Form und pressen den Käse mit zunehmendem Gewicht 6 Stunden lang. Alle Stunden wird der Käse gewendet und das Preßgewicht erhöht. Nach dem Preßvorgang nehem wir den Käse aus der Form und lassen ihn 1 Tag offen im Raum zur Durchsäuerung liegen. Dann salzen wir den Käse im Salzbad, oder wir salzen trocken durch kräftiges Einreiben mit grobem Salz. Danach kommt der Käse in den Reifungsraum, wo er 3–4 Wochen lang bleibt. Täglich wenden wir den Käse und wischen eventuell auftretenden Schimmel mit Salzwasser ab.

Steppenkäse I

20 Liter Vollmilch wird bei 30 Grad C eingelabt und in 30–40 Minuten dickgelegt. Nun wird der Bruch verschöpft, so daß die inneren Bruchschichten nach außen zu liegen kommen und der Bruch gleichmäßige Temperatur hält. Nach 5 Minuten und nach weiteren 5 Minuten wird jeweils geschnitten, so daß die Bruchgröße schließlich einer Nuß entspricht. Wir lassen nun den Bruch etwas absetzen und erwärmen ihn dann auf 38 Grad C. Mit einem Brecher brechen wir den Bruch nochmals.
In einem Tuch lassen wir die meiste Molke abrinnen und schöpfen dann den Bruch in Formen. Nach 15, 30 und 60 Minuten wenden wir den Käse und lassen ihn 24 Stunden lang stehen. Die 6 folgenden Tage wird der Käse gesalzen und gewendet. Dann kommt der Käse für 8–10 Tage in den Trockenraum.
Schließlich kommt der Käse in den Keller, wo er 3mal in der Woche geschmiert und gewendet wird. Die Reifung dauert 4–5 Monate.

Steppenkäse II

Nach dem gleichen Rezept wird halbfette Milch verarbeitet. Der einzige Unterschied besteht darin, daß die Nachwärmtemperatur nur 36 Grad C erreichen soll.

Schnittkäse

10–15 Liter frische Vollmilch wird mit 0,5% Säurewecker (Butter- oder Sauer-milch) gemischt und bei 33 Grad C mit 3 Tropfen Lab pro Liter Milch eingelabt. Nach 20–25 Minuten schon soll die Milch dick sein – sonst nehmen wir nächstes Mal mehr Lab.
Die Milch soll nicht abkühlen. Mit der Käseharfe werden Würfel mit einer Größe von 0,8 cm geschnitten und 10 Minuten ruhen gelassen. Dann wird der Bruch vorsichtig ausgerührt.
Wenn sich schon viel Molke abgesondert hat, wird 1/3 der Molke abgegossen. Ein gleicher Teil 80 Grad C warmes Wasser wird unter Rühren hinzugefügt. Die Temperatur des Bruches soll nun 33–37 Grad C erreicht haben. Nach der Griffprobe wird der Bruch in Formen gefüllt. Sobald die Formen gefüllt sind, wird gewendet. Nach weiteren 15 Minuten wird wieder gewendet und der Käse vorsichtig beschwert. Zuerst wird ein Gewicht von 1/2 kg erforderlich sein, später 1 kg und dann 1 1/2 kg. Der Preßvorgang dauert 4–5 Stunden. Der Käse kommt anschließend gleich ca. 1–2 Stunden lang in ein 20%iges Salzbad und wird dann 2–3 Tage trocken gelagert. Wenn der Käse gut trocken ist, wird er in Wachs getaucht und so am Austrocknen gehindert (siehe Anhang).
Eingewachst, wird der Käse gelagert, wobei eine kühle Lagerung die Reifung verzögert und eine Lagerung bei 20 Grad C 3–4 Wochen dauert.

Räucherkäse

Ida Schwintzer beschreibt in ihrem Buch „Das Milchschaf" folgendes Rezept: „Räucherkäse entsteht, wenn wir den halbfertigen Käse, gut abgelaufen, statt in eine Form in eine Schweinsblase füllen und diesen dann wie Selchfleisch räuchern lassen." Die Käsemasse wird schon beim Bruchrühren gesalzen, oder aber das Salz wird in den schon trockenen Bruch gut untergemischt.

Geräucherter Weichkäse

Der Weichkäserohling kann, wenn er gut trocken ist, in einem Räucherkasten vorsichtig ca. 3 Stunden kühl geräuchert und anschließend zum Reifen gelagert werden.

Vorarlberger Sauerkäse (Sura Käs)

Dieser Käse wird in 1/2-kg-Ziegeln oder 2-kg-Laiben hergestellt.
Die richtige Säuerung und Bearbeitung ergibt einen speckigen Käse mit einem weißen, festen Kern. Er hat einen kräftigen, scharfen Geschmack.

Magermilch wird im Käsekessel der Säuerung überlassen. Durch Beigabe von Molke vom Vortag oder Säurewecker (5% Sauermilch von der letzten Milch) und bei 30 Grad C wird die Milch in 4–5 Stunden dickgelegt.

Verkäst wird in Aluminium- oder Stahlwannen, weil sonst die Milchsäure mit Kupfer oder Eisen unerwünschte Verbindungen eingehen würde.

Die Gallerte soll recht fest sein und wird dann geschnitten, verzogen und gerührt. Dabei wird auf 30–40 Grad C nachgewärmt, bis der Bruch die richtige Festigkeit hat. Nun wird der Bruch ausgeschöpft und in Formen oder Formtische gefüllt. Bis die Molke abgeronnen ist, wird leicht gepreßt. Die eckigen Käse werden nun in die richtige Größe geschnitten und 24 Stunden ins Salzbad gelegt. Wir können aber auch trocken salzen.

Der Käse wird auf ein Käsebrett gelegt und in den Reifungsraum gegeben. Der Reifungsraum sollte 18–20 Grad C haben. Nach 4–6 Wochen sind die Käse gut durchgereift.

Pinzgauer Bierkäse

Zentrifugierter Magermilch wird Ziegenmilch beigemischt, so daß dieses Gemisch einen Fettgehalt von 0,8–1,2% aufweist.

Die mit Milchsäurekultur vorgesäuerte Milch wird bei 28–30 Grad C eingelabt und in 40–50 Minuten dickgelegt. Dann wird die Gallerte geschnitten und nach 10 Minuten gebrochen, bis der Bruch sehr klein – wie ein Hanfsamenkorn – ist. Dann lassen wir den Bruch 20–25 Minuten lang absetzen. Wir schöpfen den Bruch aus der Molke, zerreiben ihn mit den Händen und drücken ihn in eine Kasten- oder Laibform. Das Pressen erfolgt schonend bis zum doppelten Gewicht des Käses. Er wird 6–8 Stunden gepreßt und dabei 2–3mal gewendet. Der Käse kommt anschließend in den Reifungsraum. Der Käse wird 6–9mal, meist trocken gesalzen, oder er kommt für 1–2 Tage in ein Salzbad, wenn der Laib 5–30 kg wiegt.

Ab dem 5. Tag wird geschmiert. Die Temperatur sollte im Reifungsraum 12–15 Grad C und die Luftfeuchtigkeit 90–95% haben. Im Keller bleibt der Käse 2 Monate und kommt danach 3 Monate in einen Kühlraum mit 8 Grad C, wo er nachreifen kann.

Münsterkäse (Vogesen)

Kuhwarme Weidemilch wird bei 33 Grad C eingelabt und in 25–30 Minuten dickgelegt. Der Bruch wird in der Größe von 1–1,5 cm mit der Käseharfe geschnitten, und nach 10 Minuten wird mit dem Verziehen bzw. dem Auskäsen begonnen. Wenn der Bruch richtig ist – Griffprobe –, wird er in vorgewärmte Formen abgefüllt. Bei 18–20 Grad C werden die Formen aufgestellt, und die

Molke kann abrinnen. Nach 6 Stunden wenden wir den Käse, und nach 3–4 Tagen ist der Käse fest genug und kommt aus der Form. Wenn wir den Käse leicht pressen, verringert sich die Abtropfzeit.

Wir salzen den Käse oben und wälzen ihn rundum in Salz. Am nächsten Tag wenden wir den Käse und salzen ihn nochmals rundum und die nun obenliegende Fläche.

Nun werden die Käse auf Gitterhorden oder einen Lattenrost gelegt und bei 14 Grad C in einem gelüfteten Trockenraum 10–12 Tage lang getrocknet. Wichtig ist ein guter Fliegenschutz.

Dann kommen die Käse in den Reifungskeller, der 12–14 Grad C und 90% Luftfeuchtigkeit haben soll. So bildet sich bald eine Rotschmiere, die zuerst täglich, später jeden zweiten Tag über den Käse geschmiert wird, wobei der Käse davor gewendet werden muß.

Nach 4–6 Wochen zeigt sich die richtige rötlichgelbe Rinde: Der Käse ist reif.

Beaumont (Savoyen)

Wir verwenden für diesen Käse die Herbstmilch von Weidetieren. Es wird die melkfrische Milch verkäst.

Bei 33–35 Grad C laben wir die Milch ein, so daß sie in 25 Minuten dick ist. Der Bruch wird in Würfel mit 1 x 1 cm geschnitten. Nach 10 Minuten wird dann mit dem Auskäsen begonnen. Gleichzeitig wird schonend auf 35–37 Grad C nachgewärmt. Der fertige Bruch wird in mit Tüchern ausgeschlagene Formen gefüllt und mit sehr starkem Druck gepreßt. Einen Tag lang soll der Käse abtrocknen, sobald er aus der Form genommen wird, und kommt dann in den Reifungskeller. Hier wird er trocken gesalzen, täglich gewendet und dann mit einer schwachen Salzlösung geschmiert.

Käse von Neuchâtel

Diese Käse sind zylindrisch, 8 cm hoch und haben 5 cm im Durchmesser. Es gibt eigene Formen dafür und eine Vorrichtung für das Pressen. Wir behelfen uns vorerst mit unseren Geräten, solange wir nur geringe Mengen dieses Käses erzeugen.

Ganz frische Vollmilch wird in einem Raum mit 15 Grad C in Steinguttöpfen eingelabt und in eine Kochkiste gestellt oder sonst auf gleichmäßig langsam absinkender Temperatur gehalten. Nach 24 Stunden wird die Gallerte grob geschnitten und der Bruch in ein Tuch gegeben, das in einem Weidenkorb liegt. 12 Stunden benötigt die Molke zum Ablaufen. Danach wird der Bruch mit dem Tuch aus dem Korb gehoben und in eine gelochte Holzform gegeben, zugedeckt und beschwert.

Nach weiteren 12 Stunden wird das Tuch gewechselt und der Käse durchgeknetet. Danach wird der Bruch in die kleinen Käseformen gegeben und fest hineingepreßt. Dazu verwenden wir einen passenden Holzzylinder, mit dem wir den Käse stark und gleichmäßig in die Form pressen können.

Nach einiger Zeit werden die Käse aus den Formen genommen, rundum gesalzen und auf ein Brett zum Ablaufen gestellt.

Nach 24 Stunden kommen die Käse in den Reifungsraum, wo sie auf Strohmatten gelegt werden. Die Käse werden hier oft gewendet. Sie entwickeln in 3–4 Wochen einen grünlich-blauen Schimmel. Nun kommen sie in einen anderen Raum, werden wieder auf frischem Stroh gelagert und bleiben dort 3 Wochen, wo sie rötliche Pilze entwickeln. Dann sind sie nach weiteren 2 Wochen fertig gereift.

Backsteinkäse (Ziegelkäse)

Unter die Backsteinkäse können wir mehrere Sorten von Käse reihen: Romadur, Backsteiner, Weißlacker, Limburger etc. Sie weisen geringe Unterschiede auf. Vor allem liegt es am Ausgangsmaterial und an der gering unterschiedlichen Bearbeitung, daß verschiedene Sorten entstehen. Im bäuerlichen Betrieb werden wir diesen Käse machen, wenn die spezielle Einrichtung dazu vorhanden ist oder bereitgestellt werden kann oder wenn wir mit unseren vorhandenen Geräten improvisieren wollen. Für diese Käse brauchen wir vor allem einen Spanntisch und einen Salztisch.

Romadur

Der Romadur wird aus Vollmilch gemacht. Die Milch wird bei 30–35 Grad C eingelabt und in 30–35 Minuten dickgelegt. Die feste Gallerte wird mit einer Schöpfkelle verschöpft, sodaß ein walnußgroßer Bruch entsteht. Anschließend wird der Bruch auf 34–36 Grad C nachgewärmt.

Den fertigen Bruch füllen wir in große Kastenformen rasch ab. Nach 10 Minuten werden die Formen durch Bleche unterteilt und damit in ziegelförmige Käse geschnitten.

Die Käse kommen aus den Formen, sobald die Molke abgelaufen ist, und werden auf den Spanntisch gelegt. Hier werden die einzelnen Käse, durch Brettchen getrennt, in Form gehalten und eingespannt. 6–7 mal werden in den nächsten 20 Stunden die Käse „umgespannt". Das heißt, sie werden gewendet und neu eingespannt.

Anschließend kommen die Käse auf den Salztisch und werden gesalzen, indem wir die Käse in das Salz stecken und dann jeweils 2 Käse zusammenschlagen, um das überschüssige Salz abzuschütteln. Je nach Größe der Käse dauert der Salzvorgang 4–6 Tage. Dies, wie so vieles in der Käserei, ist Erfahrungssache. Nach dem Salzen werden die Käse 10 Tage lang mit der Hand abgeschmiert und anschließend in den Reifungsraum gestellt, wo sie alle 2 Tage umgestellt werden. Hier werden sie auch mit schwacher Salzlösung (5%) geschmiert. Der Reifungsraum soll 10–14 Grad C und eine 90–95%ige Luftfeuchtigkeit haben.

Backsteiner (Allgäu)

Dieser Käse wird aus zentrifugierter Magermilch gemacht. Bei 28–30 Grad C wird eingelabt und die Milch in 30–35 Minuten dickgelegt. Mit der Schöpfkelle wird verschöpft, so daß große Bruchstücke (Eigröße) entstehen.
Der Bruch wird in Formen gefüllt, oder er kommt gleich auf den Formtisch, wo er in die richtige Größe mit den Brettchen unterteilt wird. Wenn der Käse die Form behält, kommt er auf den Spanntisch.
Die weitere Verarbeitung ist wie beim Romadur.

Weißlacker

Dieser Käse wird aus „reifer Vollmilch" hergestellt. Er schmeckt süßsäuerlich und hat eine hellgelbe Schmiere.
Bei 30 Grad C wird die Milch eingelabt und in 30 Minuten dickgelegt. Die Gallerte wird mit der Schöpfkelle verschöpft, so daß walnußgroße Bruchstücke entstehen. Der Bruch wird auf 32 Grad C nachgewärmt und nach der Griffprobe in Formen oder gleich auf den Form- bzw. Spanntisch abgefüllt.
Die weitere Verarbeitung ist wie beim Rezept Romadur.

Limburger

Dieser Käse wird aus halbfetter Magermilch gemacht. Der zentrifugierten Magermilch wird wieder etwas Rahm zugesetzt.
Bei 28–30 Grad C wird die Milch eingelabt und in etwa 30 Minuten dickgelegt. Die Gallerte wird sodann mit der Schöpfkelle verschöpft, so daß ein eigroßer Bruch entsteht. Der Bruch wird abgefüllt und so weiterbehandelt, wie es im Rezept für Romadur angegeben ist.

Friesischer Kantenkäse

Dieser Backsteinkäse ist mit Gewürznelken und eventuell auch mit Kümmel gewürzt.

Topfkäse

Es kann sein, daß der Limburger oder ein anderer Käse zu weich geworden ist und zu rinnen beginnt. So können wir den Käse noch retten, indem wir daraus Topfkäse machen.

In ein dichtes, gut gereinigtes Holzfäßchen geben wir zuerst eine ½ cm starke Salzschichte. Dann stampfen wir ganz fest 10 cm dick den Käse ein. Darüber streuen wir Salz und feinen Pfeffer. Diese Schichten werden so lange wiederholt, bis der Käse 5 cm unter dem Fäßchenrand ist. Nun wird so viel Essig darüber gegossen, wie der Käse aufsaugt. Darüber legen wir den Holzdeckel und beschweren mit einem Stein. Nach 4–5 Wochen ist der Käse durchgereift.

Hartkäse

- Rohmilch (oder pasteurisierte Milch mit 10 g/100 l Calciumchlorid)
- Mindestmilchmenge 10 Liter
- Zugabe von 0,5–3% Säurekultur
- Inkubationszeit 15 Minuten bis 1 Stunde
- erwärmen auf 28–35 Grad C
- einlaben mit 15–20 ml/100 l Milch, bzw. 2–4 Tropfen/l
- Gerinnungszeit 15–30 Minuten
- Dickungszeit 30–60 Minuten
- schneiden in 1–2 cm große Würfel
- 5–10 Minuten nachdicken lassen und neuerlich schneiden (wird evtl. nochmals durchgeführt)
- 10–20 Minuten ausrühren, brechen, Bruch umlegen oder Bruch verziehen, je nach Rezept und gewünschter Festigkeit des Käses
- ca. 10–20% der Molke abziehen
- Bruch waschen mit ebensoviel Wasserzusatz
- brennen oder nachwärmen des Bruchs auf 40–55 Grad C in einer Zeit von 45–60 Minuten unter ständigem Rühren
- Bruch absitzen lassen und evtl. vorpressen
- herausheben mit großen Tüchern und den Bruch in Formen füllen
- 24 Stunden pressen mit anfangs geringem Druck, der bei jedem Wenden gesteigert wird. Der Preßdruck und die Zeit richtet sich nach Größe und Art des Käses
- gewendet wird zuerst in kürzeren, später in längeren Zeitabständen. Gegebenenfalls wird umgetucht
- in den Formen ca. 18 Stunden durchsäuern lassen und anschließend aus der Form nehmen
- salzen: entweder trocken oder im Salzbad, wobei Menge und Dauer nach Laibgröße unterschiedlich ist.
- schmieren: zuerst täglich bei jedem Wendevorgang, später jeden zweiten Tag und dann in noch längeren Abständen, ca. 6 Wochen lang
- eventuell einwachsen des Käses in Käsereiwachs
- reifen und lagern entsprechend der Rezeptur bzw. den örtlichen Gegebenheiten

Allgemeine Herstellungsanleitung

Die Milch muß bester Güte, darf keine Silagemilch und nicht unter 10 Grad C abgekühlt worden sein. Wir geben sie in einen genügend großen Milchtopf, *säuern* sie mit 1–3% Säurestarter vor und erwärmen sie nach der *Inkubationszeit* im Wasserbad vorsichtig und unter ständigem Rühren auf die Einlabtemperatur von 28–35 Grad C. Wir fügen bei Kuh- und Ziegenmilch 10% und bei Schafmilch bis zu 30% Wasser bei, damit wir gut arbeiten können und einen geschmeidigen Teig erhalten. Dieses Wasser kann bereits warm sein und die Milch gleich auf die gewünschte Temperatur bringen.

Wir *laben* mit 1–2 ml Lab auf 10 l oder 6 Tropfen auf 1 l Kuhmilch ein. Das verdünnte Lab wird gut eingerührt und der „Dreh" sofort gestoppt, damit eine gleichmäßige Gallerte entsteht.

Die Milch muß nun abgedeckt bei gleichmäßiger Wärme und ohne Bewegung gehalten werden. Das *Wasserbad* darf nicht heißer sein und so die Milch mehr als 1–2 Grad C nachwärmen.

Die *Gerinnungs- und Dicklegungszeiten* sind nach den Rezepten einzuhalten und betragen zwischen 15–30 bzw. 30–60 Minuten.

Nach der *Messerprobe* wird mit der *Käseharfe* oder mit einem langen Messer gleichmäßig geschnitten. Bei manchen Käsesorten wird, nachdem sich der Bruch etwa 5–10 Minuten gesetzt hat, nochmals geschnitten und anschließend noch mit dem *Käsebrecher* auf die richtige Bruchgröße gebrochen und mit dem Käsebrecher oder einem Schneebesen 10 Minuten *ausgerührt*.

Schneiden wir vorerst mit dem Messer, werden wir uns um einen gleichmäßigen Bruch bemühen müssen. Dieser Arbeitsgang ist dann zeitaufwendig, und der Bruch wird nicht so regelmäßig. Große Stücke müssen beim Umlegen oder Verziehen zerteilt werden. Die Größe des Käsebruchs ist für jedes einzelne Rezept von Bedeutung. Je kleiner die *Korngröße* ist, desto härter wird der Käse.

Bei manchen Rezepten wird vor dem Schneiden *verschöpft*. Dazu werden mit einem flachen Schöpfer Teile der Gallerte von der Mitte zum Rand gehoben. Die Käsemasse kühlt so langsamer und gleichmäßiger aus. Anschließend wird geschnitten und/oder gebrochen.

Sobald sich etwas Molke an den Schnittflächen abgesondert hat – das ist ungefähr nach 10 Minuten –, beginnen wir vorsichtig, den *Bruch umzulegen*. Dadurch kommen die wärmeren Schichten, die sich unten befinden, nach oben und die bereits etwas ausgekühlteren gelangen mehr nach unten. So kühlt der ganze Käsebruch gleichmäßiger ab.

Die größer gebliebenen Bruchstücke können nachträglich noch geschnitten werden.

Durch die sanfte Bewegung tritt die Molke rascher und gleichmäßiger aus.

Pressen des eingetuchten Käses: Wir legen ein passendes Holzbrett in die Form ...

... und stellen darauf eine mit Wasser gefüllte Zwei-Liter-Flasche. Zwei Schlauchenden halten die Flasche gerade.

Bei jedem Wenden wird der Käse umgetucht.

Das Wachs wurde im Rohr auf 140° C erhitzt und der Käse darin einige Male getaucht. Es entstehen ganz gleichmäßige, glatte Schichten. Jetzt folgt die wichtigste Zeit der Reifung unter der schützenden Wachsdecke.

Ein Käseteller, der sich sehen lassen kann: hinten mit Salzmolke geschmierte Hartkäselaibe, in der Mitte ein ziegelförmiger ungereifter Frischkäse, rundherum Handkäse.

Wir *verziehen* mit dem Verziehblech vom Rand die Bruchwürfel in die Mitte des Topfes.

Haben wir den Bruch das erste Mal umgelegt, lassen wir ihn ruhen. Wir werden zwischendurch den Topf wieder abdecken. Nach weiteren 10 Minuten wird nochmals umgelegt. Das Umlegen wird so oft wiederholt, bis der Bruch gleichmäßig groß ist und die meiste Molke sich abgesondert hat.

Wichtig ist festzuhalten, daß wir den Bruch anfangs sehr, sehr vorsichtig umlegen und ihn langsam überziehen. Später, wenn der Bruch schon etwas gefestigt und schon viel Molke ausgetreten ist und die einzelnen *Bruchkörner eine gewisse Festigkeit* haben, können wir etwas rascher, aber nicht zu heftig arbeiten. Dieses *Vorkäsen* ist nach ungefähr ¾ Stunden fertig. Nun wird der *Bruch nachgewärmt* oder gebrannt. Hier müssen wir wieder auf die einzelnen Angaben der entsprechenden Rezepte Rücksicht nehmen. Die Temperaturen liegen zwischen ca. 38 und 55 Grad C.

Wir stellen den Milchtopf wieder in das Wasserbad und rühren ständig und vorsichtig. Die Käsemasse darf sich nicht vorzeitig festigen, zusammenklumpen oder ungleichmäßig rasch erwärmt werden. Die Wärme soll auch nur langsam und schonend zugeführt werden. (Auf der Herdplatte oder auf der Flamme wird die Käsemasse nur allzu leicht ungleichmäßig erhitzt, ungleichmäßig fest, meist schnell erhitzt und totgebrannt. Sie knirscht dann beim Verkosten.)

Jeder Käser hat rasch heraus, wann der *Bruch zum Abfüllen* richtig, das heißt fertig verkäst ist. Wir Anfänger müssen versuchen, das zu lernen, wir müssen probieren.

Eine einfache Probe ist das *Greifen eines Bruchkornes*. Wir greifen und fühlen die entsprechende Festigkeit. Es muß weich, elastisch, aber doch fest genug sein. Vielleicht haben wir einmal die Gelegenheit, einem schon erfahrenen Käser zuzusehen und unter seiner Anweisung probieren zu können.

Wir können auch eine (sehr saubere!) Hand voll Bruch nehmen, diesen zusammendrücken und die Hand wieder öffnen. Nun müssen sich die einzelnen Bruchkörner wieder leicht auseinanderbröckeln lassen. So ist die Käsemasse richtig zum Abfüllen.

Das *Vorpressen*, mit geringem Druck im Topf oder in einem eigenen Vorpreßkorb unter Molke, trennt schnell die Molke von der Käsemasse.

Haben wir eine *Käsepresse*, werden wir mit dieser arbeiten und sie bereithalten. Die fertige Käsemasse wird in die entsprechenden, geraden, nicht konischen Formen eingefüllt, sofort beschwert und gepreßt. Zuerst geben wir weniger Druck oder Gewichte darauf, und nach jedem Wenden steigern wir den Druck. Nach etwa 10 Minuten wenden wir den Käselaib das erste Mal. Nachher wird der Käse wieder gepreßt, und nach weiteren 20 Minuten wenden wir den

Käselaib das zweite Mal. Nach einer Stunde wenden wir wieder und nach zwei Stunden ein weiteres Mal. Nach weiteren sechs oder acht Stunden wenden wir nochmals. Nach jedem *Wendevorgang* werden wir den Druck auf den Käse erhöhen, so daß die Molke rasch ausgedrückt wird.

Haben wir *keine Käsepresse* – wir können auch so verfahren, wenn wir anschließend eine Käsepresse benützen –, geben wir die fertige Käsemasse in ein feuchtes, warmes großes Windeltuch oder in ein eigenes *Käsetuch*. Die Molke wird rasch abrinnen. Wir fassen jeweils zwei Zipfel mit einer Hand und wiegen die Käsemasse, die sich zu einer Kugel formt, langsam hin und her. Wir haben hier eine erste Möglichkeit zu sehen, ob die Käsemasse richtig war. Läßt sich eine geschlossene Käsekugel formen, reißt sie nicht ein oder bleibt sie nicht im Tuch hängen, so war die Käsemasse richtig zum Abfüllen.

Ist die Kugel gut geformt, und tritt beim Hin-und-her-Wiegen keine Molke mehr aus, geben wir die Kugel vorsichtig in eine entsprechend große Hartkäseform. Die Größe der Käsekugel und die Größe der Hartkäseform sollten ungefähr übereinstimmen. Ist die Form zu klein, wird beim noch so vorsichtigen Hineinrollen der Kugel diese aufgerissen. Ist die Form zu groß, wird die Kugel zu flach gequetscht.

Da die Molke durch das *Wiegen der Käsekugel* im Tuch nun schon zum größten Teil abgeronnen ist, benötigen wir nicht mehr so viel Druck beim Pressen. Haben wir keine eigene Preßvorrichtung – manche Kollegen pressen in der Most-Spindelpresse –, so beschweren wir den Käse mit einem 2-Liter-Kompottglas oder einem größeren Gefäß und füllen nach jedem Wenden des Käses das Glas mehr und mehr mit Wasser oder Sand an. Wir können auch verschieden große Steine verwenden.

Wenn wir mit einer selbstgebastelten *Käseform* arbeiten, sei es eine abgeschnittene Plastikmilchkanne, von innen nach außen gebohrt, sonstige gelochte Röhren ohne Boden, einen Jerb oder sonstige Holzformen, so benötigen wir passende Brettchen, die wir nach dem Einfüllen der Käsemasse darauflegen und erst dann die Beschwerung daraufstellen. Das Brettchen muß etwas kleiner sein als die Käseform, darf aber nicht zu klein sein, weil sonst am Rand Käse hochsteigt. Die Käseform muß während des Preßvorganges auf ein Gitter, Fliegengitter oder perforiertes Nirostablech, gestellt werden, damit die Molke gut abrinnen kann.

Wie schon angedeutet, *pressen* wir zu Beginn mit wenig Druck, bei jedem Wendevorgang füllen wir das Glas zur Beschwerung mit immer mehr Wasser an. Wir müssen auch aufpassen, daß das Glas nicht schräg absinkt. Dann war der Druck zu groß oder die Käsemasse noch zu weich. Gegebenenfalls müssen wir das Glas zurechtrücken, den Käse händisch in Form drücken und etwas vom Wasser wegschütten. Machen wir das nicht, entstehen schräge Käse, die zwar

Käsepresse mit angehängten Gewichten für kleine Schnitt- und Hartkäse.

lustig aussehen und auch für den eigenen Gebrauch deshalb nicht schlechter sind, aber dennoch auf die „Käsemeisterin" kein gutes Bild werfen.

Ist der Käse nach 24 Stunden fertig gepreßt, bleibt er noch einige Zeit zum Nachsäuern in der Form, wird dann herausgenommen und entweder in ein Salzbad gelegt oder trocken gesalzen.

Beim trockenen *Salzen* rollen wir den Käse in grobem Salz und lassen alles Salz oben, was er aufnimmt. Wenn wir den Käse etwas würziger haben wollen, salzen wir am kommenden Tag nach dem Wenden nochmals.

Nach dem Salzbad oder dem trockenen Salzen kann der Käse *geschmiert* werden, bis sich eine feste, *geschlossene Rinde* gebildet hat. Der Käse wird anschließend in den Reifungskeller gelegt.

Haben wir keine geeigneten *Reifungsräume*, können wir den Käse auch in Käsereiwachs *einwachsen*. Bei exaktem Einwachsen kann der Käse nicht austrocknen, von keinen Fliegen und keinen Hefen und Schimmel befallen werden. Wir können ihn so in den Kühlschrank zur Aufbewahrung legen. Eine Reifung findet im Kühlschrank bei 5 Grad allerdings nicht statt. Wir müssen daher die eingewachsten Käselaibe 3 bis 4 Wochen vor dem erwünschten Verzehr in einen temperierten Raum legen und reifen lassen oder den Kühlschrank auf die gewünschte Reifungs- und Lagertemperatur manipulieren.

Wurde ein geschmierter Käse, den wir nicht eingewachst haben, der schon eine gute Rinde hatte, in den Kühlschrank gelegt und länger drinnen liegen gelassen oder vergessen, erhalten wir einen harten Reibkäse, der als Parmesanersatz gut geeignet ist.

Einwachsen des Hartkäses

Ist der Käselaib gesalzen und rundum ganz trocken, kann der Käse eingewachst werden.

Meist behandle ich den Käse eine Woche durch Schmieren und Wenden und lasse ihn dann unter öfterem Wenden ganz abtrocknen. Wird der Käse nicht so richtig trocken, lege ich die Käsekugel 1 bis 2 Tage in den Käse-Kühlschrank. Im Kühlschrank wird der Käse rasch trockener.

Schmelzen des Wachses

Für den Hausgebrauch gibt es zwei Methoden, das Wachs zum Schmelzen zu bringen:

Im Backrohr

Im Backrohr das Wachs in einem entsprechend großen Gefäß (alte Kochrein, Auflaufform) bei 120–140 Grad C schmelzen. Dieser Vorgang dauert verhältnismäßig lang. Das Wachs wird aber heißer als 100 Grad, und der Käse kann so mit einer ersten dünnen Wachsschichte überzogen werden. Wir benötigen zum Schmelzen kein Wasser und können so auch altes Wachs verwenden. Die Verschmutzung sinkt zu Boden. Das saubere Wachs kann abgegossen und wieder verwendet werden.

Oder am Herd

Etwas Käsereiwachs wird in einem flachen Kochtopf erhitzt. Da das Wachs im Topf schnell anbrennen würde, geben wir vorerst 3 cm Wasser in den Topf. Das Wachs schmilzt und erreicht 100 Grad C. Doch bitte um Vorsicht vor Verbrennungen!

Einwachsen

Wir stellen nun den Topf auf den Arbeitstisch.

Wir fassen den Käselaib nun von einer Seite und tauchen diesen in das flüssige Wachs (nicht bis zum Wasser!), heben ihn heraus und warten, bis das Wachs fest ist. Dann nehmen wir den Käselaib auf der bewachsten Seite und tauchen die noch unbewachste Seite ins Wachs. Wir wiederholen den Vorgang so lange, bis alle Seiten gut eingewachst sind. Wir können noch eine zweite, nun schon etwas dickere (weil das Wachs kühler geworden ist) Wachsschichte aufbringen.

Sollten einige Stellen kein Wachs annehmen, war entweder der Käselaib nicht trocken genug, das Wachs zu kühl oder es sind Vertiefungen im Käse. Bei den Vertiefungen genügt es, mit einem kleinen Löffel etwas Wachs über die offene Stelle zu gießen. Der Käselaib sollte zur Gänze mit Wachs überzogen werden, damit Bakterien und Fliegen keine Chance haben.

Wenn wir den Käse allerdings schon zu lange herumstehen hatten und sich an seiner Rinde schon die verschiedensten Bakterien oder gar Fliegen angesiedelt haben, werden diese auch unter dem Wachs weiterwachsen können und ihn verderben. Wir sollten daher mit dem Einwachsen nicht zu lange warten und den Käse immer vorsichtig behandeln.

Wenn das Wachs am Käse noch nicht ganz fest ist, kann mit einem Holzstift das Datum und eine Bezeichnung eingeritzt werden. Sonst ist es empfehlenswert, den Käse gleich mit einem Klebeetikett zu versehen. Die Käsekugeln schauen alle ziemlich gleich aus und sollten, dem Datum entsprechend, der Reihe nach aufgebraucht werden.

Käsefehler beim Hartkäse

Zu trockener Käse

Wenn wir den Käse in den Kühlschrank legen und ihn kurz übertrocknen lassen wollen und dann „vergessen", wird er rasch austrocknen. Er ist aber als Reibkäse noch zu verwenden.

Nicht ausgereifter Käse

Ist der Käse nicht fertig, das heißt, hat er nicht genügend Zeit zum Reifen gehabt, oder haben wir den Käse aus dem Kühlschrank oder Keller genommen und gleich angeschnitten, wird er noch nicht durchgereift sein. Einmal angeschnitten, reift der Käse nicht mehr richtig nach. Wir können daher unter Umständen vorher eine Probe machen, indem wir den Käse mit einer Prüfnadel, die innen hohl ist, anstechen. Die herausgestochene Käsesäule muß biegsam, elastisch sein und darf nicht abbrechen, dann ist der Käse fertig gereift. Wenn der Käse noch nicht gereift ist, ist er bröckelig.

Schafkäse ohne Wasserzugabe beim Verkäsen

Haben wir der Schafmilch beim Verkäsen kein Wasser beigemengt, werden wir schon beim Umlegen des Bruchs feststellen, daß es schwer möglich ist, den

Bruch gut umzulegen, weil zu wenig Flüssigkeit vorhanden ist und wir den Bruch zerstören.

Werden wir dann den fertigen Käse anschneiden, wird der Käse, auch wenn die Reifungszeit exakt eingehalten wurde, bröckelig, zu trocken sein.

Versalzen des Käses

Wenn das Salzbad zu stark war und/oder wir den Käse zu lange in diesem liegen gelassen haben, dann wird er versalzen sein. Auch beim Trockensalzen kann zu viel Salz verwendet werden! Als Abhilfe legen wir ihn in Wasser, das ihm Salz entzieht.

Schlechte Rindenbildung

Wenn wir den Käse in einer zu milden Salzlake hatten oder zu wenig lang drinnen ließen, wird die Rindenbildung nur schlecht vorangehen. Wir können, wenn wir das bemerken, entweder den Käse nochmals in eine bessere Salzlake legen oder ihn etwas trocken nachsalzen.

Ansetzen von Schimmel

Sollten sich beim Käse dunkle Schimmel ansetzen, müssen wir diese sofort abwaschen. Ich verwende dazu Essigwasser. Wir werden den Raum überprüfen, gegebenenfalls frisch weißen und vor allem gut durchreinigen. Wir werden auch die Salzschmiere erneuern, mit der wir täglich die Käse zur Rindenbildung schmieren, um so eine Übertragung der unerwünschten Schimmel nicht mehr zu ermöglichen. Ein angesiedelter unerwünschter Schimmel ist sehr hartnäckig. Im Zweifelsfall soll Käse mit Fremdschimmel nicht gegessen werden.

Schaden am Käse

Fliegen

Fliegen können den Käse schon vor dem Einwachsen befallen, vor allem aber, wenn wir nicht ganz deckend eingewachst haben bzw. wenn überhaupt nicht eingewachst und der Käse in einem Reifungsraum gelagert wurde, wo Fliegen hineinkönnen. Der Käse wird dann ganz still und heimlich zu laufen beginnen. Er wird in kürzester Zeit voll Maden sein. Sein Weg führt am besten direkt zu den Hühnern.

Mäuse und Ratten

Mäuse und Ratten machen sich sehr gerne an nicht geschützte Lebensmittel und besonders gerne an Käse heran. Wir müssen den Käseraum oft kontrollieren. Es muß aber gewarnt werden, im Reifungsraum Gift auszulegen. Das Gift kann vertragen werden! Es ist daher wichtig, daß wir den Lager- und Reifungsraum fliegen-, ratten- und mäusesicher machen, bevor wir Käse hineingeben. Eine stete Kontrolle ist besser als eine große Enttäuschung!

Hartkäserezepte

Halbfetter Hartkäse

Wir benötigen 10–15 Liter leicht abgerahmte Schafmilch oder 15–20 Liter Vollmilch von der Kuh oder der Ziege.

Die süße, frische Milch wird schonend auf 26–29 Grad C erwärmt und mit 6 Tropfen Lab, welches in Wasser aufgelöst wurde, vermischt. Langsam, unter ständigem Rühren, wird die Milch auf 32–35 Grad C erwärmt. Wenn diese Temperatur erreicht ist, nehmen wir den Topf vom Herd und „beruhigen" die Milch, weil sie schnell stockt und jede Bewegung diesen Vorgang stören würde. Wir machen die Schnittprobe. Wenn die Gallerte fest genug ist, nehmen wir den grobmaschigen Schneebesen oder Käsebrecher und ziehen vorsichtig und langsam durch die Masse. Wir arbeiten nicht zu schnell, aber doch rasch.

Wenn der Bruch Erbsenkorngröße hat, ziehen wir die meiste Molke ab und gießen die Käsemasse in das vorbereitete feuchte Käsetuch (ev. Windel). Dieses haben wir in einen Kübel oder in einen großen Topf, der die ganze Molke aufnehmen können muß, gelegt und mit Wäschekluppen befestigt.

Wir heben den Käse mit dem Tuch rasch hoch und wiegen den Bruch zu einer Kugel, indem wir jeweils 2 Zipfel abwechselnd heben und senken. Wenn die Kugel gut geformt ist, geben wir diese in die bereitgestellte Hartkäseform. Die Käsekugel lassen wir vorsichtig hineingleiten, damit sie nicht beschädigt wird. Haben wir eine hölzerne Form, legen wir die Käsekugel mit dem Seihtuch in die Form, ohne daß Falten am Tuch entstehen.

Nun geben wir das Abdeckbrettchen auf die Form und beschweren den Käse zuerst mit geringem Gewicht. Nach jedem Wendevorgang erhöhen wir das Gewicht, bis der Druck schließlich das doppelte Gewicht des Käses ausmacht. Wir wenden jeweils nach 1, dann 2, dann 4 und schließlich 12 Stunden.

Nach 24 Stunden kommt der Käse aus der Form heraus. Er wird trocken oder naß gesalzen. Nach 3 Tagen, nach öfterem Wenden, ist der Käse trocken genug, so daß wir ihn in den Reifungsraum legen können. Der Reifungsraum sollte 8–12 Grad C haben. Bildet sich am Käse ein Belag, wird er mit Salzwasser abgewischt.

Wir wenden den Käse 4 Wochen lang täglich, später alle 2 Tage und nach 6–8 Wochen 1mal jede Woche. Hat der Reifungsraum eine höhere Temperatur, ist der Käse in 3 Monaten durchgereift. Sonst benötigt er 5–6 Monate zum Reifen.

Hartkäse aus Schafmilch

Wir verwenden möglichst frische, rohe Schaf-Vollmilch.

Als Variante können wir die Abendmilch und die Morgenmilch mischen, wobei die Abendmilch abgerahmt werden kann, was ab Mitte Sommer empfehlenswert ist. So entsteht ein halbfetter Käse.

Wenn wir pasteurisierte Milch verwenden, müssen wir 10 g Calciumchlorid ($CaCl_2$) auf 100 Liter Milch mischen.

Schafmilch wird mit 20% Wasser am Anfang der Laktationsperiode und mit mindestens 30% ab Mitte der Laktationsperiode vermischt. Dies ist wichtig, weil sich die Käsemasse besser bearbeiten läßt. Außerdem erhalten wir einen geschmeidigeren Käse.

Wir geben der Milch 1–3% Milchsäurekultur in Form von frischer Buttermilch oder saurer Milch oder in Reinkultur zu und lassen die Milch 15 bis maximal 45 Minuten lang stehen, damit sich die Milchsäurebakterien gut entwickeln können.

Im Wasserbad oder auf kleiner Hitze erwärmen wir vorsichtig unter öfterem Rühren auf 36 Grad C und laben mit 3–6 Tropfen Lab je Liter ein. Das Lab muß in etwas lauwarmem Wasser aufgelöst sein.

Nach 30–40 Minuten ist die Milch dick (Schnittprobe). Wir schneiden die Gallerte zuerst in größere Würfel von 1–2 cm. Nach 5 Minuten Wartezeit schneiden oder brechen wir den Bruch nochmals, bis die Bruchgröße 3–5 mm beträgt.

Dann beginnen wir den Bruch umzulegen und benötigen dazu 15–20 Minuten. Anschließend ziehen wir ungefähr 15–20% der Molke ab und geben statt dessen warmes Wasser hinzu. Wir können gleich wärmeres Wasser verwenden, dann ersparen wir uns das Nachwärmen. Das müssen wir sehr langsam und unter ständigem Rühren tun, damit der Käsebruch keine Haut bildet und nicht die Molke einschließt.

Das Nachwärmen der Käsemasse erfolgt wieder vorsichtig und unter Rühren, bis eine Temperatur von 40–42 Grad C erreicht ist.

Nun beginnen wir das „Nachkäsen". Wir schichten den Bruch vorsichtig um. Dazu benötigen wir 10–20 Minuten.

Wir stellen in einen Topf ein Sieb („Vorpreßkorb") und füllen den Käsebruch dort ein. Die abrinnende Molke soll schließlich den Käse überdecken, sonst geben wir noch etwas Molke dazu. Der Bruch wird nun leicht gepreßt.

Wir können auch den Bruch im Käsetopf zusammenschieben, ein Brettchen darauflegen und den Käsebruch leicht pressen. Dieser Preßvorgang sollte 20–30 Minuten dauern.

Dann wird der Käse herausgehoben, nochmals fein zerrieben, in die Hartkäseform eingefüllt und gepreßt. Bis zum ersten Wenden pressen wir den Käse 30–40 Minuten lang und mit 0,1–0,2 kg je cm² Käseoberfläche. Wir erhöhen den Druck auf das Doppelte und pressen wieder 30–40 Minuten lang. Wir wenden wieder, erhöhen den Preßdruck auf das dreifache Ausgangsgewicht und pressen wieder 30–40 Minuten lang.

Wir lassen den Käse 16–20 Stunden ohne Druck in der Form liegen. Der Käse säuert durch. Danach geben wir den Käse in eine 20%ige Salzlösung mit einem pH-Wert von 5,0–5,1. Hat der Käse 2–3 kg, so lassen wir ihn 48 Stunden in der Salzlösung.

Anschließend muß der Käse allseitig abtrocknen und kommt in den Reifungskeller. Nach 8 Tagen beginnen wir 6 Wochen lang zu schmieren (Anhang). Der Käse braucht 3–4 Monate zum Reifen. Der Reifungskeller sollte 15–16 Grad C und 90–95% Luftfeuchtigkeit haben.

Käse nach Tilsiter Art

Die Vollmilch wird schonend auf 30–32 Grad C erwärmt. Je Liter Milch geben wir 1 EL Sauermilch hinzu und lassen die Milch bei dieser Temperatur 2 Stunden lang zugedeckt stehen, um eine gute Durchsäuerung zu erzielen. Wir laben ein, so daß die Milch nach 45 Minuten geronnen ist. (Für 15 l Milch genügt eine Messerspitze Pulverlab oder 3–6 Tropfen Lab je l Milch.) Wenn die Gallerte dick genug, aber nicht zu fest ist, wird vorsichtig in 0,5 cm große Würfel geschnitten. Nun lassen wir den Bruch 30 Minuten ruhen.

In dieser Zeit hat sich der Bruch so weit gefestigt, daß wir vorsichtig rühren können. Langsam erwärmen wir dabei auf 42–45 Grad C. Wenn diese Temperatur erreicht ist, nehmen wir den Topf vom Herd und rühren noch 15 Minuten lang weiter. Mit einem möglichst großen flachen Siebschöpfer heben wir den Bruch heraus, lassen die Molke abrinnen und füllen dann den Bruch in die bereitgestellten Formen. Der Käse kann eventuell nun mit 0,5 kg je kg Käse gepreßt werden. Zuerst wird jede Stunde und später alle 2 Stunden gewendet. Nach einem Tag wird der Käse aus der Form genommen und noch einen Tag auf einem Brettchen liegen gelassen.

Am folgenden Tag wird der Käse rundum mit grobem Salz gesalzen und in den Reifungsraum gelegt. Der Käse wird täglich gewendet und mit Rotschmiere, bzw. 5%igem Salzwasser mit einem Tüchlein abgewischt. Die Reifungszeit beträgt 6–8 Wochen.

Tiroler Graukäse

Zentrifugierte frische Milch wird meist mit 3–4% selbstgezüchtetem (Milch vom Vortag) Säurewecker, der einwandfrei sein muß, versetzt.

In Holzfässern soll die Milch bei 20 Grad C durchsäuern, bis sie dick ist. – Das Holzfaß wird bei kaltem Wetter nur kalt ausgespült und bei warmem Wetter nach dem kalten Spülen auch heiß gewaschen, damit sich die richtige Menge der eigenen Bakterien weiterentwickeln kann und die richtige Durchsäuerung der Milch von selbst stattfindet. Natürlich muß die Bakterienkultur auch gut gepflegt sein, und es dürfen keine unerwünschten Bakterien dazukommen. Sonst empfiehlt es sich, mit entsprechenden Mengen Säurewecker zu arbeiten. In 12 Stunden soll die Milch dick sein. Nun wird die dicke Milch in den Käsekessel geschüttet und auf 35–45 Grad C, je nach fortgeschrittener Säuerung, erwärmt. Hier ist die Erfahrung ausschlaggebend. Der Topfen steigt im Kessel nach oben. Nach weiteren 12 Stunden wird auf 50–55 Grad C nachgewärmt und der Topfen vorsichtig geschnitten. Der Bruch wird in der Molke öfter gewendet, bis er „richtig" ist. Der Käse soll krümelig trocken sein.

Nun wird der Käse in Tücher geschöpft und im Tuch fest und schnell gepreßt, wobei der Topfen mit dem Tuch öfter gewendet wird. Der Topfen soll nicht auskühlen.

Dann wird der Topfen mit den Händen fein zerrieben, mit 3% Salz und etwas Pfeffer vermischt, noch warm in die Käseformen eingefüllt und hineingepreßt. Jetzt wird der Käse 12 Stunden lang gepreßt.

Danach wird der Käse gestürzt. Die Oberfläche soll fest und geschlossen sein. Er wird trocken gesalzen.

Nun werden die Käse in einem trockenen, warmen Raum – im Sommer im Schatten oder am Dachboden – getrocknet, bis die Rinde feine Risse bekommt. Die Laibe werden täglich gewendet und auf frische, trockene Bretter gelegt. Anschließend kommt der Käse in den Reifungskeller, wo er 3–4 Wochen lang reifen soll.

Graukäse hat eine rissige Rinde, und der innen speckige Käse ist von graugrünem Schimmel durchzogen. Der Käse kann zur besseren Reifung angebohrt werden, wobei die Löcher mit Bier oder Wein befeuchtet werden können.

Steirerkäse (Ennstal, Murtal, Lungau)

Dieser Käse ist ein graubrauner oder grünlichgrauer, locker bröseliger Käse, der dem Graukäse sehr ähnlich ist und wie dieser meist nach überlieferten, streng geheimgehaltenen Rezepten hergestellt wird. Er ist ein traditionelles Neben-produkt der Buttererzeugung, wird in 3–4-kg-Laiben hergestellt, riecht pikant und ist sehr salzig. Verwendung findet er u. a. als Füllung für die Ennstaler Krapfen und für Kasnockn.

Aus 100 l Vollmilch erhält man 6 kg Steirerkäse, 5 kg Butter und 7 l Buttermilch sowie Molke.

Zentrifugierte Magermilch mit 2% Säurestarter vermischt, bleibt, bis sie von selbst gerinnt, bei 22–24 Grad C stehen. Die Molke wird abgegossen. Dann wird sie im großen Kupferkessel unter ständigem Rühren auf ca. 70 Grad C oder bis zum Aufwallen erhitzt, mit 1 l kaltem Wasser abgeschreckt, nochmals erhitzt und abgeschreckt, vom Feuer genommen und 2 Stunden lang stehen gelassen. Abgekühlt, wird der Topfen in ein Tuch gegeben, von der Molke getrennt und mit lauwarmem Wasser gewaschen, bis klares Wasser abrinnt. Der Topfen wird im Tuch gepreßt. Je trockener und krümeliger der Topfen ist, desto besser wird der Käse, weil er eine lange Reifungszeit benötigt.

Nun wird er mit Salz, Pfeffer (evtl. auch mit Paprika bzw. Kümmel) gewürzt und in Holzbottiche oder sonstige Formen fest hineingedrückt. Der Käse bleibt 5–6 Stunden in diesen Formen und wird dann auf ein Brett gestürzt.

Die Reifung erfolgte früher auf den Almen gegenüber der Feuerstelle auf hölzernen Horden. Der Rauch konnte darüberstreichen. Wir legen ein feuchtes Tuch über den Käse und lagern ihn bei 22–24 Grad C. Der Käse muß regelmä-ßige Sprünge bekommen. Nach einer Woche kommt er in den Reifungskeller bei 15–17 Grad C und 85–90% Luftfeuchte. Zuerst wird täglich, später jeden zweiten Tag gewendet. Während der dreimonatigen Reifezeit muß der Käse ständig kontrolliert werden.

Cheddar

Die vollfette Milch wird mit 2–5% Säurewecker versetzt und 15 Minuten zur Durchsäuerung stehen gelassen. Dann wird die Milch auf 34 Grad C erwärmt und bei dieser Temperatur mit 9 Tropfen Lab pro Liter Milch eingelabt. Die Gallerte wird nach ungefähr 20 Minuten richtig zum Schneiden sein. Wir schneiden in der Größe von 0,5 cm.

Anschließend wird die Käsemasse langsam auf 40 Grad C erwärmt und bei dieser Temperatur einige Zeit stehen gelassen, bis die Molke säuerlich riecht. Hernach wird der Bruch abgeschöpft und zerrieben, wobei er mit 15 g Salz je Kilo Käse gesalzen wird.

Die Käsemasse wird in Formen gefüllt und mit einer Käsepresse gepreßt. 6 Stunden lang soll der Preßdruck vierfach so groß wie das Käsegewicht sein. Danach soll der Käse 18 Stunden lang mit dem zehnfachen Gewicht gepreßt werden, und anschließend benötigen wir den zwanzigfachen Druck etwa 24 Stunden lang. Vor jeder Erhöhung des Druckes wird der Käse gewendet. Dann wird der Käse aus der Form genommen und bei hoher Luftfeuchtigkeit und 5–8 Grad C Raumtemperatur bis zu 15 Monate reifen gelassen. Wir wenden den Käse zuerst täglich, später seltener und schmieren entsprechend oft.

Gouda

Bei 33 Grad C wird die Milch eingelabt, und nachdem sie dickgelegt worden ist, geschnitten. Der Bruch soll sich absetzen, erst dann schütten wir 1/3 der Molke ab.
70 Grad heißes Wasser gießen wir unter Rühren nach und rühren 15 Minuten lang. Die Temperatur soll nun 36 Grad C haben. Die Molke wird ausgetrieben. 10 Minuten lang lassen wir den Bruch absetzen und schöpfen vorsichtig die Molke ab. Der Bruch soll unter der Molke bleiben. Dann machen wir die Griffprobe. Der Bruch soll matt und nicht mehr glänzend sein.
Den Bruch geben wir in Formen, die in warmem Wasser vorgewärmt worden sind. Den eingefüllten Käse stellen wir in die Molke. Wir geben während des Füllens immer wieder warme Molke über den Käse, um ein Einschließen der Luft zu verhindern.
Ist der Bruch eingefüllt, wird dieser fest in die Form gedrückt, ein Deckel wird auf die Form gesetzt und der Käse mit der Form gewendet. Nun wird die Form abgehoben, der Käse bleibt auf dem Brettchen.
Jetzt wird die Form warm ausgespült, ein feuchtes Käsetuch darüber gelegt und der Käse wieder in die Form gegeben. Der Käse wird nun mit Wasser, das 40 Grad C hat, übergossen.
Das Holzbrettchen (Deckel) wird auf die Form gegeben und gepreßt; das Preßgewicht ist nach 10 Minuten das halbe und nach weiteren 30 Minuten das ganze Gewicht von 0,3 kg je cm² Oberfläche des Käses. Wenn am Anfang zu schnell gepreßt wird, schließt sich die Rinde zu schnell, und der Molkeabfluß wird erschwert, das Tuch bleibt am Käse kleben.
Nach 4 Stunden wird der Käse vorsichtig aus dem Tuch gelöst, gewendet und wieder in die Form gegeben. So bleibt er 10 Stunden zur Durchsäuerung liegen. Dann wird er naß gesalzen.
Ist die Rinde nach dem Pressen des Käses nicht geschlossen, legen wir den Käse für kurze Zeit in 40 Grad warmes Wasser und pressen ihn anschließend nochmals. Feuchter Käse nimmt mehr Salz auf als trockener.
Sobald der Käse wieder trocken ist, kommt er in den Reifungskeller, wo er einige Monate reifen kann.

Emmentaler

Für einen Laib Emmentaler sind 80–100 Liter Kuhmilch erforderlich, damit der Käse gute Löcher bekommt.

Beste Frischmilch wird mit 1% Säurewecker (Propionsäurebakterien) versetzt und nach 15 Minuten vorsichtig auf 34 Grad C gebracht. Nun wird die Milch eingelabt mit 6–8 Tropfen Lab pro Liter Milch. Die Gallerte wird verschöpft und umgelegt oder gleich mit der Käseharfe in 0,5 cm große Würfel geschnitten und einige Zeit ruhen gelassen. Wenn sich der Bruch ein wenig zusammengezogen hat, wird so lange gebrochen, bis der Bruch Reiskorngröße hat.

Unter ständigem Rühren wird auf 48 Grad C erwärmt. Anschließend wird rasch und kurz auf 57 Grad C nachgewärmt (gebrannt) und der Käsetopf von der Herdstelle genommen. Nach 20 Minuten Pause wird der ganze Käsebruch mit dem Käsetuch auf einmal aus dem Kessel gehoben und in eine große Form (Jerb) gefüllt und 24 Stunden gepreßt. In dieser Zeit wird 7–8 Mal gewendet. Bei jedem Wendevorgang werden neue Tücher verwendet – der Käse wird umgetucht –, und der Druck wird erhöht, bis zuletzt das 15fache Gewicht des Käses auf den Käse preßt.

Nach dem Pressen wird der Käselaib bezeichnet und 24 Stunden in einem kühlen, luftigen Raum zum Trocknen aufgelegt. Danach kommt der Käse ins Salzbad oder gleich in den Reifungskeller (22 Grad C), wo er trocken gesalzen wird. Für 100 kg Käse benötigt man 2 kg Salz. Zu Beginn benötigt man „Käsebinden", damit der Käse die Form behält. Ab dem 20. Tag bilden sich die charakteristischen Löcher. Ab diesem Zeitpunkt wird der Käse auch geschmiert, bis er eine gute Rinde hat.

Anschließend reift der Käse 2–5 Monate in einem Reifungsraum bei 12 Grad C und 85 % Luftfeuchtigkeit. Mit einer Prüfnadel wird der Käse angestochen, um zu sehen, ob der Käse schon durchgereift ist. Dann erst wird er angeschnitten. Der Geschmack des Emmentalers soll „mild, angenehm und zart sein" und an frische Nüsse erinnern. Aus 100 l Milch erhält man 8–10 kg Emmentaler.

Fehler am Emmentaler

Rißler

Große Anzahl kleiner Löcher und Poren. Wenn zu stark gesäuerte Milch verwendet wurde, zu viel Lab verwendet wurde und wenn die Einlabtemperatur zu hoch war oder coliforme Bakterien enthalten sind. Es kann auch davon herrühren, daß zu lange verkäst wurde, der Bruch zu fest war, zu stark gesalzen wurde und der Reifungsraum zu kühl war.

Gläsler

Wenige oder keine Augen, aber Masse und Geschmack gut
a) spaltige Gläsler: Schnitte und Sprünge im Käse. Der Käse zerbröckelt beim
   Aufschneiden
b) blinde Gläsler: keine Öffnungen im Innern des Käses
c) schlitzförmige Gläsler: schlitzförmige Öffnungen
Gläsler entstehen durch eine falsche Temperatur im Reifungsraum, bei häufigen Temperaturschwankungen im Reifungsraum oder durch Fehler bei der Verarbeitung.

Geblähter Käse

Zu große, verbundene Öffnungen im Käse. Geschmacklich mindere Qualität, meist ranzig oder seifig schmeckend.
Das Blähen wird hervorgerufen durch Unreinheiten in der Milch (Silagemilch) oder bei der Verarbeitung und durch Fehler beim Verkäsen.

Parmesan

Der Käse wird in Oberitalien in Laiben mit 20–100 kg hergestellt. Er hat eine schwarze oder grüngraue Rinde und ist bei uns als Reibkäse bekannt.
Für die Verarbeitung ist es wichtig, daß die Milch bereits vor dem Dicklegen einen bestimmten Säuerungsgrad aufweist.
In großen Kupferkesseln, die bis zu 1000 Liter fassen können, wird die Milch bei 27–30 Grad C eingelabt und in 30–60 Minuten dick sein. Der Bruch wird dreimal geschnitten, bis er Getreidekorngröße hat, und 8–10 Minuten absetzen gelassen.
5% der Molke wird abgeschöpft. Nun erst wird mit einer Safranlösung gefärbt und unter ständigem Rühren auf 52–55 Grad C nachgewärmt. Bei dieser Temperatur wird der Bruch 10–15 Minuten ruhen gelassen. Ein weiterer Teil der Molke wird abgeschöpft. Nun gießt man kaltes Wasser zu, um den Bruch abzukühlen.
Der Bruch wird händisch zusammengeschoben und mit dem Käsetuch herausgehoben. Der Bruch tropft rasch ab, und er wird anschließend mit dem Tuch in einen Holzreif (Jerb) gelegt, mit einem Holzdeckel zugedeckt und so, leicht schräg, stehen gelassen, damit die Molke langsam abrinnen kann. Er kann mit 1 kg je kg Käse gepreßt werden.
Über Nacht kommt der Käse in einen kühleren Raum. Der Käse wird oft gewendet, und ab dem dritten Tag wird er 40 Tage lang trocken gesalzen, wobei der Salzverbrauch 4–6% des Käsegewichtes beträgt.

Nach dem Salzen entfernt man den Holzreifen. Der Käse wird abgeschabt, mit heißer Molke übergossen und mit einer Holzspachtel geglättet.

Dann wird der Käse mit einer Farbe eingestrichen, die aus Leinöl und „Beinschwarz" hergestellt ist.

Jetzt erst kommt der Käse in den Reifungskeller, der 15–16 Grad C und 80 % Luftfeuchte haben soll. Die Reifung dauert 1–2 Jahre. Nach einem Jahr wird der Reifungsraum gewechselt. Der neue Raum soll 12 Grad C und 95% Luftfeuchte aufweisen.

Käsefehler

Zu Beginn kann es uns öfter passieren, daß ein Käse nicht ganz so wird, wie wir es uns vorgestellt haben. Aber nicht einmal erfahrene Käser sind vor Fehlproduktionen geschützt.

Wir sollten daher nicht gleich aufgeben, sondern uns bemühen, die Gründe zu erfahren und es beim nächsten Mal besser machen. Dazu gehört – auch, wenn man schon längere Zeit Milch verarbeitet – unter anderem die Bereitschaft, alte Gewohnheiten in Frage zu stellen, sie zu ändern und weiterzulernen.

Grundsätzlich unterscheidet man

– Fehler, die den Käse ungenießbar machen
– optische Fehler, leichte geschmackliche Veränderungen: Der Käse sollte nicht verkauft, kann aber ohne weiteres daheim gegessen, zum Kochen verwendet oder in Reibkäse verwandelt werden.

Wichtig ist Mut und Ehrlichkeit, um die Grenze zu erkennen! Verdorbener Käse darf keinesfalls gegessen werden, in welcher Form auch immer! Zuviel Sparsamkeit ist hier falsch am Platz!

Fehlerquelle Milch

Frühblähung

Spätestens 48 Stunden nach dem Einlaben werden Blasen im Käse sichtbar. Frischkäse steigt in der Form hoch und schwimmt auf der Molke. Alarmstufe eins! Schneidet man ihn auf, ist er voller „Luckerln", der Geschmack ist bitter. Maximal für die Hühner zu verwenden ...

Schnittkäse bekommt im leichtesten Fall kleine runde Löcher an den Randzonen unter der Rinde, die man „Nissler" nennt.

Ursache: Coliforme Keime, Hefen. Sie bauen Lactose ab und bilden Gas.

Vermeidung: Hygiene beim Melken und beim Verarbeiten kritisch überprüfen. Die Milch kühlen. Säurewecker überprüfen und eventuell mehr zugeben oder erneuern. Längere Inkubationszeit.

Spätblähung

Meist 3–4 Wochen nach der Herstellung bläht sich der Käse durch Gasbildung auf. Ganze Laibe können platzen, sogar in der Wachshülle. Auch hier wird der Geschmack bitter, manchmal auch unangenehm süßlich. Die Ursache sind sporenbildende Mikroorganismen (Clostridien), die auch durch Erhitzung nicht

Ein selbstgebastelter Reifungskasten für Schnitt- und Hartkäse: die Käse haben rundherum Luftzutritt und sind doch vor Fliegen geschützt. Oben: geschmierte Käse, unten: bereits eingewachste Laibe.

Ein alter Kühlschrank, der als Käsereifunktionskasten wieder brauchbar geworden ist: die gewachsten Laibe lagern auf Gittern, Butterbrotpapier verhindert ein Ankleben. An das Herstellungsdatum erinnern aufgeklebte Etiketten.

Für einen langen Winter: Beste Handkäselaibchen werden, sobald sie trocken genug sind, zusammen mit Kräutern und Gewürzen in Öl eingelegt und gut verschlossen aufbewahrt.

Handkäseherstellung: Als Formen dienen gelöcherte Plastikbecher.

Verpackung in Becher mit Klarsichtdeckel.

abgetötet werden. Sie stammen meist aus fehlvergorener Silage oder gärig gewordenem Futter. Deswegen sollte für die Herstellung von Schnitt- und Hartkäse auf Silomilch strikt verzichtet werden.
Molkereien, die wegen des großen Ausfallrisikos bei Laiben mit 1000 oder mehr Kilo Milch auf „Nummer Sicher" gehen müssen, behelfen sich (derzeit noch) mit dem Zusatz von Nitrat (20 g/100 l Kesselmilch), was gesundheitlich aber bedenklich ist. Zu Hause sollte das keinesfalls praktiziert werden.
Die in Käsereien früher verwendeten Kupferkessel hatten unter anderem eine günstige Wirkung zur Sporenbekämpfung (erhöhtes Redoxpotential).

Bitterer Käse

Ein bitterer Geschmack des Käses entsteht auch manchmal durch Bitterstoffe aus dem Futter (Raps, Grünroggen etc.).

Fehlerquelle Verarbeitung

Zu weicher Käse

Zu wenig Lab und/oder zu niedrige Einlabtemperatur ergibt zu langsame Dicklegung der Milch, zu weiche Gallerte und in der Folge zu viel Staub in der Molke. Eine geringe Ausbeute ist die Folge und ein schlechterer, zu weicher Käse ist das Produkt. Der Käse kann bitter sein, weil sich die Colibakterien schneller ausbreiten konnten als die Säurebakterien.

Kreidiger, bröckeliger Käse

Zu viel Säuerung, der pH-Wert ist zu tief.
Der Bruch sollte gewaschen werden, um die Lactose zu verdünnen.

Gummiartiger Käse:

Der pH-Wert ist zu hoch. Es wurde zu viel Lab verwendet, oder der Bruch wurde zu hoch erhitzt.

Bitterer Käse

Zu viel Lab wurde zugegeben. Unreife Schimmelkäse können bitter schmecken. Meist werden allerdings Coliforme und Hefen die Ursache sein.

Überdickte Gallerte

Der Bruch wurde zu spät geschnitten. Beim Durchziehen mit der Käseharfe staut sich die Käsemasse vor der Käseharfe. Der Bruch gibt die Molke nicht gut und schnell genug ab. Die Molke ist grün.
Man muß kleiner schneiden als angegeben, länger verkäsen und beim Pressen mehr Druck ausüben. Die Raumtemperaturen beim Pressen sollten höher sein, dann kann man noch einiges retten.

Zu weiche Gallerte

Zu früh geschnitten. Viel Staub geht in die Molke ab. Die Molke ist gelb. Die Ausbeute ist gering.

Geblähter Käse

Durch heftige Gasentwicklung blähen die Käse oder platzen auf. Die Käse schmecken schlecht oder fad. Die Ursachen sind zu starke Milchzuckergärung, aber auch Colibakterien.
Durch größere Gaben an Milchsäurekultur wird das Wachstum der Colibakterien gehemmt.

Rissiger Käse

Im Käse ist der Wassergehalt zu gering. Beim Dicklegen war die Temperatur zu hoch oder der Reifungsraum zu trocken, oder es war Zugluft im Reifungsraum. Rissige Käse saugen sich mit Salzlake voll. In die Risse der Rinde setzen sich gerne Fliegen und legen dort ihre Eier ab.
Temperatur beim Dicklegen überprüfen. Zugluft verhindern.

Auslaufen von Käse

Bei Weichkäse verflüssigt sich das Innere des Käses. Der Käse verliert seine Form, hat einen schlechten Geruch und Geschmack. Das kann dadurch entstehen, daß zu lange gelagert wird (Camembert) oder daß zu hohe Temperaturen im Reifungsraum oder zu hohe Luftfeuchtigkeit war. Es kann auch sein, daß die Milch bei zu niedriger Temperatur eingelabt wurde oder daß zu wenig oder zu wenig starkes (altes) Lab verwendet wurde.
Eventuell kann man den Käsefehler noch durch höhere Salzgaben beheben.

Weißer, schmieriger Käse

Statt einer Rinde bildet sich ein weißer Belag von Hefen, der die Reifung verhindert. Dies geschieht bei zu niedriger Temperatur oder zu hoher Luftfeuchtigkeit im Reifungsraum, auch durch schlechte Entmolkung. Verarbeitungstechnik und Reifungsraum überprüfen!

Fleckiger Käse

Die Flecken am Käse werden durch verschiedene Bakterien und Schimmel verursacht. Die Beläge können alle Farben spielen und sind nicht immer ungefährlich.
Der Käseraum sowie alle Lager- und Reifungsräume müssen desinfiziert werden. Die Hygiene muß überprüft werden.

Schimmeliger Käse

Nicht jeder Schimmel ist am Käse erwünscht. Handelt es sich um einen unerwünschten Schimmel, müssen die Räume desinfiziert werden.
Der Käse muß mit einer starken Kochsalzlösung oder Essigwasser abgewaschen werden.

Gesundheitsschädlicher Käse

Folgende Faktoren können Käse gesundheitsschädlich machen:
– Medikamentenrückstände in der Milch
– Rückstände im Futter (Pflanzenschutzmittel, Schwermetalle)
– Toxine (Gifte) durch Schimmelpilze (angeschimmelte Weichkäse müssen auf jeden Fall weggeworfen werden. Bei Hartkäsen kann unter Umständen ein Entfernen des verdorbenen Stückes genügen.)
– Toxine durch Staphylokokken, die Erbrechen und Durchfall hervorrufen, besonders gefährdet sind Kleinkinder
– Listerien, die über das Futter in die Milch gelangen oder während der Verarbeitung in den Käse (Salzbad, Verschleppung über Schuhwerk etc.) wandern. Bei empfindlichen Personen (Kranke, ältere Menschen, Kleinkinder, Schwangere) können Gehirnhautentzündungen entstehen, auch Früh- und Fehlgeburten sind unter Umständen auf Listerien zurückzuführen. Pasteurisieren erhöht die „Sicherheit", aber nicht 100%ig, da Listerien eine Erhitzung überleben können. Durch rohe Schaf- und Ziegenmilch kann Zeckenenzephalitis übertragen werden (eine Impfung schützt auch in diesem Fall).

Radioaktiver Käse

Seit 1986 wissen wir, was radioaktiver Käse bedeutet. Über die Verstrahlung des Futters und des Wassers wird der radioaktive Abfall von dem Tier aufgenommen und gelangt sofort in die Milch. Nicht alles wird über die Molke „entsorgt", und so bleibt auch der Käse verseucht.
Genaue Richtlinien der Gesundheitsämter befolgen und gegebenenfalls den Käse oder die Milch entsorgen lassen. Wenn vorhanden, unbedenkliches Futter füttern.

Weitere spezielle Käsefehler wurden bei den einzelnen Kapiteln behandelt.

Feinde des Käses

Fliegen

Durch die Eiablage und das spätere Schlüpfen der Maden wird der Käse verdorben.
Schutzmaßnahmen: Fliegengitter, Abdeckungen und eigene Räume. Keine Giftsprays verwenden! Diese nützen nichts. Den Käse den Hühnern füttern.

Mäuse, Ratten und Katzen

Diese Tiere haben nichts in den Käse- und Lagerräumen verloren. Die Räume müssen vor Ratten und Mäusen geschützt werden. Fallen aufstellen und täglich kontrollieren. Keine Giftköder verwenden, weil diese verschleppt werden und mit dem Käse in Berührung kommen könnten.

Geräte zur Käseherstellung

Milchschüssel

Die Milchschüssel ist eine flache Schüssel, meist aus Keramik, alte Formen sind in verschiedenen Museen noch zu besichtigen. Man verwendet sie zum Aufrahmen der Milch. Der Rahm steigt besser auf und ist auch leichter mit einem flachen Schöpfer abzuschöpfen. Man muß jedoch achten, daß die Schüssel innen nicht ausgeschlagen ist, weil sich sonst Bakterien daran festsetzen. Durch die längere Zeit des Aufrahmens haben diese so eine bessere Chance, sich rasch auszubreiten und die Milch zu verderben.

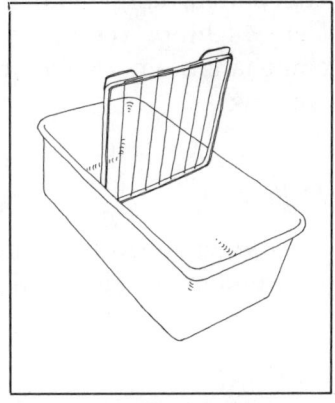

Oft verwendet man heute Plastikschüsseln. Es sei aber vor zu viel Plastik in der Küche und bei der Käsebereitung gewarnt. Zwar gelten die meisten Plastikgegenstände als lebensmittelecht. Manches Plastik löst sich jedoch durch die entstehende Milchsäure langsam auf, und Spuren davon gehen in die Milch ab. Die Milch verändert ihren Geschmack. (Man mache doch selbst einmal einen Versuch und lasse über längere Zeit Milch in Plastik und in Keramik, Glas oder Edelstahl stehen, koste und beobachte, wie sich die Milch dann unterscheidet.)

Milchtopf

Den Milchtopf verwenden wir zum Erwärmen der Milch. Dieser war früher meist aus Kupfer, auch aus verzinntem Blech. Wir verwenden nach Möglichkeit Edelstahl-Töpfe. In manchen Käsereien wird mit großen Kupferkesseln gearbeitet. Wichtig ist, daß zum Topf auch ein passender Deckel gehört. Ein Emailtopf ist ebenfalls günstig, soferne er innen nicht ausgeschlagen ist. Die Größe des Topfes hängt davon ab, wieviel Milch täglich verarbeitet werden soll. Der Topf soll jedoch reichlich groß sein, damit der Bruch entsprechend bearbeitet werden kann. Ein 20-l-Topf und ein 10-l-Topf sind für den Hausgebrauch sicherlich geeignet.

Käsekessel

Für größere Tagesmilchmengen sind spezielle Käsekessel, doppelwandig für das Erwärmen der Milch im Wasserbad, erforderlich. Diese sind über den Spezialhandel erhältlich, aber sehr teuer.
Wir behelfen uns, indem wir eine dem Milchtopf angepaßte Wanne (Plastik) anbohren und Schläuche daran montieren. Ein Schlauch wird mit der Warm-

wasserleitung verbunden, der andere dient als Überfluß. Dieser geht innen bis zum Boden, damit beim Erwärmen das kühle Wasser von unten abgesaugt wird. Der Milchtopf schwimmt im Wasserbad. Ein Thermometer wird am Rand eingehängt, ein zweites mißt die Wasserbadtemperatur (siehe Abb. S. 165 – Anhang).

Meßbecher

Um die genaue Milchmenge abmessen zu können, verwenden wir einen Milchmeßbecher.

Meßlöffel

Für die Labpulverzugabe und auch für die Zugabe von Säurewecker oder Kulturen ist ein Satz Meßlöffel nützlich.

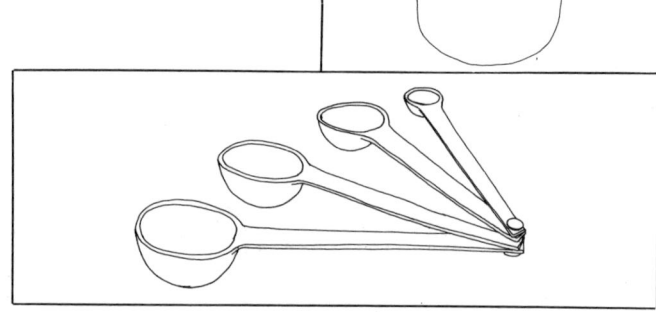

Thermometer

Für die Käseherstellung wird ein Thermometer benötigt. Es hängt viel von der exakten Temperatur ab, wie der Käse gelingt. Es gibt entsprechende Thermometer im Handel, wenn nicht bei einer Molkerei oder einem Molkereizubehörladen zu finden, kann auch ein Laborthermometer dienlich sein. Es gibt auch Käsethermometer, die in Holz eingelegt oder in einem Drahtgestell sind. Das Thermometer soll eine Vorrichtung haben, mit der es am Topfrand eingehängt werden kann. Es sollte keine Quecksilbersäule haben.

Käsetuch

Das Käsetuch verwenden wir vor allem bei Hartkäsen. Es kann aber auch nützlich sein, wenn man noch keine „richtigen" Formen hat, den Käsebruch in ein Tuch zu knüpfen und einfach aufzuhängen. So entstehen die ersten Weichkäsekugeln. Das Käsetuch kann man auch verwenden, um den „Molkekäse" oder „Zieger" von der Molke zu trennen. Das einfachste ist, man besorgt sich einige Windeltücher, die nicht zu klein sind. Man kann feinen weißen Baumwollstoff nehmen. Es gibt eigene grobe Käsetücher, die für Hartkäse bestens geeignet sind und das Gitter in der Rinde abdrücken.

Käseharfe

Die Käseharfe ist ein Schneidgerät für den Käsebruch. Die Drähte sind zwischen den Flügeln verschieden eng einziehbar, sodaß man den Bruch in unterschiedlicher Größe schneiden kann.

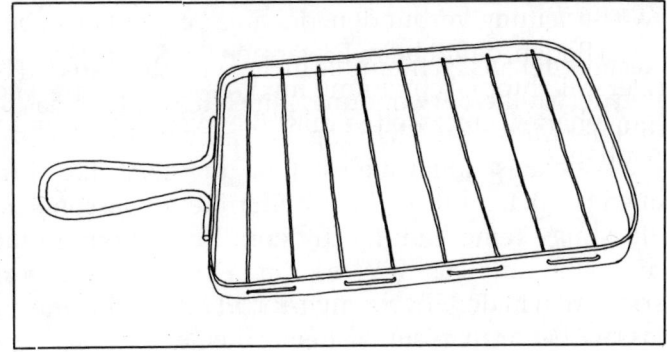

Käsesäbel oder Käsemesser

aus Holz oder Edelstahl verwenden wir zum Schneiden des Bruchs, wenn wir keine Käseharfe haben, die genauer und schneller schneidet.

Messer

Hat man keine Käseharfe und keinen Käsesäbel, verwendet man ein langes Messer, das bis zum Boden des Milchtopfes reichen muß. Man kann jedes beliebige Messer dazu verwenden.

Kochlöffel

Zum Rühren des Käsebruches benötigt man einen großen Kochlöffel, wie er in jedem Haushalt ohnedies vorhanden ist.

Flache Schöpfkelle

Einen flachen Schöpfer verwenden wir zum Entrahmen, zum Abschöpfen des Ziegers und zum Herausheben des Bruchs. Auch hier bewährt sich Edelstahl.

Verziehblech

Um den Bruch umzulegen oder zu verschöpfen, benützen wir das Verziehblech.

Käsebrett

Käsebretter aus Fichtenholz in den verschiedensten Formen finden beim Abrinnen der Molke Verwendung. Eine Nut rund um das Brett mit einer Abrinn-Nase gibt der Molke die Richtung, in die sie laufen darf. Auf Käsebrettern kann man die Weichkäse in Formen stellen, um die Molke abrinnen zu lassen. Man kann auch Hartkäse auf solchen Brettern reifen lassen. Diese Bretter benötigen dann allerdings keine Nut. Nach deren Verwendung müssen sie zuerst mit kaltem und dann mit heißem Wasser mit einer Bürste abgerieben werden. Käsebretter sollte man in der Sonne, an der Luft oder beim warmen Herd ganz austrocknen lassen, bevor man sie wieder verwendet.

Schneebesen

verwendet man zum Verteilen von Lab, Säurewecker oder Bakterienkultur in der Milch.

Käsequirl oder Käsebrecher

sind für die weitere Zerkleinerung des Bruchs gedacht.

Käsebohrer

zum Überprüfen des Reifezustandes beim Hartkäse.

Tropfflasche für Lab

Kaufen wir Flüssiglab, achten wir darauf, daß die Flasche bereits einen Tropfenspender hat, oder wir verwenden zur Not einen gut gereinigten Tropfenspender einer Hustensaftflasche.

Pipette

Bei größeren Milchverarbeitungsmengen benötigen wir eine Pipette (1 oder 5 ml), um die nötige Labmenge schnell und genau messen zu können.

Käseformen für Weichkäse

Für die Herstellung von Weich- und Schnittkäse benötigen wir Käseformen. In den Museen sind mancherorts noch alte Käseformen zu finden. Heute verwenden wir für den Hausgebrauch meist selbstgemachte Formen aus Holz,

Metall, Keramik oder Plastik. Die Formen sind entweder konische Becher, gerade Becher, Röhren- oder Kastenformen, mit oder ohne Boden.

Holzformen: Es kann nicht jedes Holz verwendet werden. Buche oder Tanne ist günstig. Zu weiches Holz verfärbt sich nach einiger Zeit grün oder bläulich. Das Holz zieht die Molke an, und das Säubern der Formen ist nicht besonders leicht. Holzformen sollten oft in der Sonne getrocknet werden. Dennoch ist Holz ein gutes Material, und früher wurde es auch zumeist verwendet.

Metallformen: Sie sind als Gitter- oder Kastenformen, auch als Röhren in Gebrauch. Das beste Material ist Edelstahl. Edelstahl ist säurefest und gut zu reinigen. Sie haben eine sehr lange Lebensdauer, sind aber ziemlich teuer. Sind die Löcher zu fein, klebt sie der Bruch gerne zu.
Verzinktes Eisen ist nicht geeignet.

Plastikformen: Es gibt fertige Plastikbecher mit Löchern, in leicht konischer Form, oder man macht sich Löcher in Plastikröhren, die lebensmittelecht und säurefest sind, selbst. Diese gelöcherten Röhren kann man dann auf Fliegengitter oder Metallgitter stellen, damit die Molke leicht und schnell abrinnen kann. Die gelöcherten Formen müssen innen ganz glatt sein, damit der Käse nicht hängen bleibt und die Gefäße leicht zu reinigen sind. Diese Formen sind billig.

Tonformen: innen glasiert, gelocht.

Formen für Hartkäse

Für die Hartkäseerzeugung sind eigene Formen, die allerdings sehr teuer sind, am Markt. Für den Beginn ist es billiger, sich Milchkannen aus Plastik abzuschneiden und Löcher von innen nach außen zu bohren. Es eignen sich auch Plastikkübel, wie man sie für Senf etc. verwendet. Dazu benötigt man ein passendes Brettchen oder einen flachen Deckel, den man mit einem Gewicht (Stein oder besser noch ein Glasbehälter, den man verschieden hoch mit Wasser anfüllen kann) beschweren kann.

Jerb: ist ein Buchenholzreifen, den man öffnen und verschließen kann. Zum Jerb benötigt man zusätzlich ein Käsetuch und ein passendes Abdeckbrett.

Verpackung für verschiedene Käse

Plastikbecher: für Frischkäse, der noch Molke abgibt.
Plastiksäckchen: Als „Notlösung" für Frischkäse. Der Käse wird leicht zerquetscht.
Gläser: für Frischkäse, Joghurt, Milch etc. Diese sollten möglichst vom Kunden stammen.
Spanschachteln: für Weichkäse, Schnittkäse. Zusätzlich benötigt man spezielles Papier.
Papier bzw. Folien: beschichtetes Papier für Camembert, Gorgonzola, Schnittkäse, Weichkäse etc.
Pergamentpapier: für Weich- und Hartkäse.
Butterpapier: Weich- und Hartkäse, Frischkäse.
Alufolie: Camembert etc.
Schrumpffolie: für Weichkäse. Diese Spezialfolie wird bei 300 Grad C verschweißt und schließt den Käse luftdicht ab. Gase können von innen nach außen dringen.

Jeder Betrieb, der in größerem Umfang Käse verkauft, kann mit Hilfe der Verpackung sein eigenes Produkt werbewirksam gestalten, sodaß es sein persönliches Gütezeichen wird.
Bei der Verpackung ist auf die Umweltfreundlichkeit und die wirkliche Notwendigkeit zu achten. Verpackung wird meist weggeworfen. Der „Ab-Hof-Kunde" soll nach Möglichkeit dazu erzogen werden, seine eigene Verpackung mitzunehmen. Das bringt Zeit- (abwaschen, reinigen) und Geldersparnis und ist obendrein umweltfreundlich.
Eine *exakte Deklaration* über den Käse ist auf der Verpackung bei einem Verkauf durch den Handel notwendig. Das ist: Name und Adresse des Herstellers, Art des Käses, Herstelldatum, Milchart (Verhältnis der Milch bei Mischungen), Mindestfettgehalt (F.i.T. oder „mit natürlichem Fettgehalt" oder „aus entrahmter Milch"), Gewicht, Hinweis auf Lagerung.

Käsewachs

Für Hartkäse ist das Käsereiwachs fast unentbehrlich. Man erhält es meist nur in großen Mengen in Käsereibetrieben oder Molkereien. Das Käsewachs verhindert, daß der Käse von Schimmel oder Fliegen befallen wird.

Horden

sind mit Gitter bespannte Rahmen, Holzgitter oder Holzbretter mit der Käsegröße angepaßten Abstandhaltern zum Übereinanderstellen. Horden verwendet man zum Lagern, Reifen und Aufbewahren des Käses. Für Schimmelkäse sind Gitter notwendig, damit von allen Seiten Luft zum Käse kommen kann. Übereinandergesetzte Horden oder Bretter, die in eine Stellage eingeschoben werden, sind für eine größere Käseproduktion unentbehrlich.

Käsekasten

Wenn kein eigener Raum zur Verfügung steht, sollte man zur Aufbewahrung der Käse, vor allem der Hart- und Schnittkäse, einen Käsekasten haben. Dieser besteht aus Holzrahmen, die mit engem Fliegengitter bespannt sind. Der Kasten muß sehr gut schließen. Es dürfen zwischen den Türen keine Fliegen hineingelangen. Der Käsekasten soll in einem gut temperierten Keller oder Raum (12–14 Grad) aufgestellt werden. In südlichen Ländern hängen mit Ziegenkäse gefüllte Käsekasten im Schatten, damit der Käse gut reifen kann. Man kann sich aus alten Kästchen selbst leicht einen Käsekasten bauen, indem man die Türfüllungen durch Fliegengitter ersetzt und eventuelle Schlitze ausschäumt oder mit Gummi abdichtet.

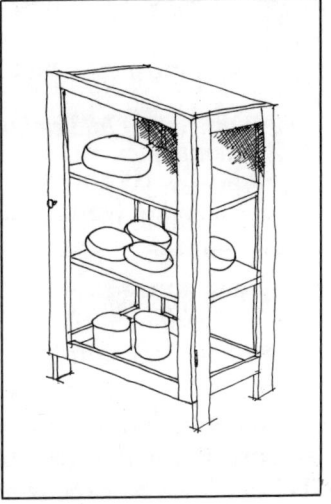

Fliegengitter

Die Fenster des Käseraumes müssen mit Fliegengitter abgedichtet werden. Es gibt Fliegengitter aus Plastik oder Metall. Letztere rosten schnell durch. Weißes Fliegengitter aus Plastik (endverschweißt) in Kreise geschnitten oder im Ganzen als Auflage auf die Abtropftasse endverschweißt, kann als Unterlage von röhrenförmigen Käseformen dienen, um die Molke schneller abrinnen zu lassen.

Joghurtbereiter

Im Handel gibt es verschiedene Joghurtbereiter. Vor dem Kauf ist es wichtig zu wissen, wieviel Joghurt man auf einmal machen will, damit die richtige Größe besorgt werden kann. Als Ersatz dient eine Tuchent, eine Kochkiste, ein Heizkissen oder das Elektro-Backrohr.

Kochkiste

Im und nach dem Krieg wurde die Kochkiste zur Energieersparnis verwendet und um Speisen lange warm zu halten. Eine gut schließende Kiste wird rundum, teils mit Stroh, teils mit Polster isoliert, sodaß der Speisentopf gerade Platz findet. Die Kochkiste kann auch für die Joghurtbereitung verwendet werden.

Einweckgläser

Zur Aufbewahrung von Handkäse in Olivenöl werden Gläser mit Deckel verwendet, die leicht konisch sind und keinen eingezogenen oberen Rand haben. Zur Not können auch andere Gläser verwendet werden, man braucht aber unverhältnismäßig mehr Öl, weil die Käse kleiner, so klein wie die Öffnung sein müssen. Die Gläser sollten nach der Käsegröße ausgesucht werden.

Käsemühle oder Quarkmühle

Diese Mühle ist notwendig, wenn man den schon gepreßten Käsebruch zerreiben muß oder wenn man speziellen Ziegerkäse macht. Als Behelf dient der Fleischwolf.

Formtisch und Spann-, Beiz- oder Salztisch

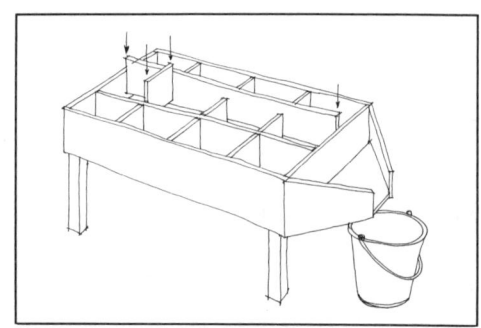

ist für den Backsteinkäse bzw. Limburger Käse notwendig. Die eingesetzten Brettchen teilen den Käserohling in die entsprechenden Stücke bzw. bewirken, daß der Käse beim Salzen oder Pressen die Form behält.

Salz- oder Beiztisch

ist ebenfalls für den Backsteinkäse notwendig.

Käsepresse

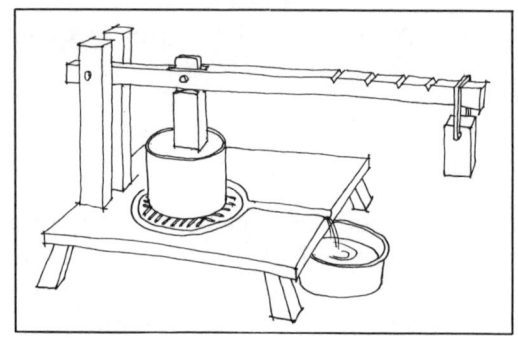

Für das Pressen des Hartkäses ist eine Käsepresse notwendig. Verwenden wir nicht aushilfsweise eine Mostpresse, so können wir uns eine Käsepresse nach der Zeichnung anfertigen. Es gibt kleine Käsepressen im Handel, die jedoch ziemlich teuer sind.

Hände

Nicht zu vergessen ist, daß auch die Hände „Geräte" sind, mit denen wir viele Arbeitsvorgänge durchführen müssen. Mit diesen Geräten müssen wir sorgsam umgehen und Risse, Schrunden und Wunden vermeiden. Bei Wunden feine Gummihandschuhe verwenden, wie sie z. B. Ärzte benutzen!

Hinweis

Alle Geräte sollten vor Gebrauch in kochendes Wasser getaucht werden, vor allem, wenn man mit Hefen zu kämpfen hat. Die Hände bitte gut und gründlich mit Seife (oder gegebenenfalls mit einem Desinfektionsmittel) reinigen.

Anhang

Im Anhang werden die einzelnen Begriffe, die in der Käserei häufig vorkommen, alphabetisch geordnet beschrieben. In den einzelnen Kapiteln wurde daher verzichtet, diese jedesmal neuerlich zu beschreiben. Genaue Angaben sind jedoch in den einzelnen Kapiteln gemacht und dort nachzulesen.

Abkühlung der Milch

Die Milch wird nach dem Melken möglichst schnell abgekühlt, wenn sie nicht gleich weiterverarbeitet wird. Das verhindert ein rasches Vermehren der Bakterien. Wird die Milch allerdings unter 10 Grad C abgekühlt, ist sie für Rohmilchkäse nicht mehr so gut geeignet.
Die Abkühlung kann unter fließendem kaltem Wasser oder mit einem speziellen Kühlsystem erfolgen. Kannenkühler dürfen die Milch mechanisch nicht zu stark beanspruchen, da sonst Angriffsstellen für fettspaltende Bakterien entstehen.

Aflatoxine

sind giftige, krebserregende Ausscheidungsprodukte gewisser Schimmelarten, wie z. B. Brotschimmel.

Aufrahmen
siehe Fettkügelchen

Ausbeute

Unter Ausbeute versteht man die Milchmenge, die benötigt wird, um 1 kg fertigen Käse zu erhalten. Meistens rechnet man in Prozenten. 25% Ausbeute heißt: für 1 kg Käse sind 4 l Milch erforderlich.
Aus 35 l Vollmilch (Kuh) kann man ca. 3,3 kg Hartkäse oder 3,6 kg Schnittkäse oder 4,1 kg Edelpilzkäse oder 1 kg Butter und 6–7 kg Magertopfen erhalten.
Technisches Können erhöht die Ausbeute. Fehlerhafte Milch (Mastitis) oder schlechte Verarbeitung vermindern sie.
Schafmilch hat auf Grund des größeren Trockenmasseanteiles eine höhere Ausbeute als Kuh- oder Ziegenmilch.

Bakterien

Bakterien sind Kleinlebewesen, die Milch als idealen Nährboden vorfinden. Für die Käseherstellung gibt es erwünschte und unerwünschte Bakterien.

Erwünschte Bakterien sind z. B. Säurebakterien, unerwünschte Bakterien sind u. a. Colibakterien, Staphylokokken, Brucellen, Listerien etc.

Thermophile Bakterien, das sind wärmeliebende Bakterien, vermehren sich bei 40 bis 65 Grad, z. B. Joghurtbakterien.

Mesophile Bakterien vermehren sich bei mittlerer Temperatur (22 bis 45 Grad C), wie z. B. die Milchsäurebakterien.

Psychrotrophe (kälteliebende) *Bakterien* vermehren sich bei niederen Temperaturen (−5 bis +30 Grad C) und ergeben einen bitteren Geschmack, wie z. B. Pseudomonaden.

Bakterien können durch Salze, Säuerung oder Erhitzen bekämpft bzw. abgetötet werden.

Bauernkäse

Bauernkäse ist der Käse, der am Bauernhof direkt vom Bauern selbst erzeugt wird. Bauernkäse schmeckt von Hof zu Hof verschieden, auch wenn er nach dem selben Rezept gemacht wurde. Das erklärt sich aus der unterschiedlichen Haltung der Tiere, dem unterschiedlichen Futter, den unterschiedlichen Wiesen und Weiden. Es gehört viel Idealismus der Bäuerin dazu, neben der vielen Arbeit am Hof auch noch eigenen Käse zu machen. Ein vorzügliches Produkt höchster Qualität lohnt jedoch die Mühen.

„Käse aus Bauernhand" hat heute wieder eine große Bedeutung, sei es für die Selbstversorgung, sei es für ein reichhaltiges Angebot für den Urlauber am Bauernhof oder den Städter, der seine Nahrung wieder direkt beim Bauern beziehen will.

Bruch

Der Bruch ist die geschnittene Gallerte oder Dickete.

Bruchbearbeitung

Auch Käsen, Vorkäsen, Auskäsen, Verkäsen oder Nachkäsen genannt.

a) Im *nordischen Europa* ist es üblich, den frischen Bruch nur gering zu zerkleinern und die Molke abzuschöpfen. Der Bruch wird in der restlichen Molke gepreßt, anschließend wieder zerkleinert, entweder händisch oder mit der Käsemühle, und dann nochmals in Formen gepreßt.

b) Das *„Schweizer Verfahren"* wird im restlichen Teil Europas angewendet. Der Bruch wird vorerst grob zerkleinert. Nach kurzer Zeit wird der Bruch mit der Käseharfe oder dem Käsebrecher weiter zerkleinert, bis ein gleichmäßig großer Bruch entstanden ist, je nach Rezeptangabe. Der Bruch wird aus der Molke herausgehoben, in Formen gefüllt und dann gepreßt. Bei der Schweizer Methode wird die Molke besser entfernt, und die Fettverluste sind nicht so hoch wie bei der nordischen Methode.

Die Art der Bruchbearbeitung ist wesentlich für die Qualität des Käses. Je schonender gearbeitet wird, desto besser der Käse. Die Rezepte geben genaue Anleitungen.

Bruchgröße

Die Bruchgröße ist maßgeblich für die Zeit, in der die Molke abfließt. Je kleiner die Bruchgröße, desto schneller fließt die Molke ab und desto fester wird der Käse.

Bruch brennen

auch Nachwärmen genannt. Wird hauptsächlich bei Hartkäse angewendet, um das Korn zu festigen. Der zerkleinerte Bruch wird vorsichtig unter Rühren auf die entsprechende Temperatur gebracht. Bei 60 Grad C ist der Bruch totgebrannt. Die wichtigsten Bakterien für die Reifung des Käses sind dann vernichtet.

Buttererzeugung

ist ein rein mechanischer Vorgang. Im Butterfaß, Mixer oder geschlossenen Glas (durch Schütteln) wird aus Rahm Butter gemacht. (Siehe Kapitel Butter und Buttermilch.)

Einfrieren von Milch und Käse

Milch kann – am besten in Ziegelform – tiefgefroren und bei Bedarf im Wasserbad schonend aufgetaut werden.

Wichtig ist, daß die einzufrierende Milch ganz frisch ist. Durch das Einfrieren treten Veränderungen des Eiweißes auf, daher ist diese Milch beim Verkäsen mit frischer zu mischen.

Es kann auch entmolkter Bruch eingefroren werden.

Wird Frischkäse eingefroren, wird dieser bröckelig. Weich- und Hartkäse kann ebenfalls vorübergehend eingefroren werden. Der Geschmack wird sich aber verändern.

Einlaben

Milch wird bei angegebener Temperatur mit Lab versetzt. Dazu verdünnt man am besten flüssiges Lab mit etwas lauwarmem Wasser, damit es sich gut in der Milch verteilen läßt. (Natürlich wird auch Pulverlab in Wasser angerührt.)

Einlabtemperatur

Frischkäse: 20–24 Grad C
Weich- und Hartkäse: 28–39 Grad C
Kuhmilch benötigt eine um 2–3 Grad C höhere Temperatur als Schafmilch. Auch hier wird die Erfahrung eine Rolle spielen. Kleine Temperaturunterschiede haben große Wirkungen.
In der Zeit zwischen Einlaben und Bruchbearbeitung sollte die Temperatur möglichst nicht zu stark absinken. Weich- und Hartkäse wird eventuell bei leicht steigender Temperatur (+1 Grad C) eingelabt. Dabei bleibt der Käsekessel im Wasserbad.

Einwachsen

Schnitt- und Hartkäselaibe können mit einer Käsewachsschicht überzogen werden:
In den Topf geben wir 2–3 Finger hoch Wasser und darauf kommt 0,5–1 kg Käsereiwachs. Das Wachs muß nun schmelzen und einige Minuten wallen. Oder: Frisches Wachs oder Wachsreste werden im Backrohr bei 140 Grad C geschmolzen. Dann gießt man das flüssige Wachs in ein entsprechend hohes Gefäß.
Zuerst wird der Käse halbseitig eingetaucht, herausgehoben und gewartet, bis das Wachs trocken ist. Dann wird die andere Seite ins Wachs eingetaucht. Man läßt das Wachs etwas überkühlen und taucht den Käse nochmals ein. Diese Wachsschicht ist dann dicker. Der Käse muß allseitig überzogen sein und darf keine offenen Stellen haben. Dazu ist es wichtig, daß der Käse vor dem Tauchen wirklich ganz trocken war. Eventuelle kleine Öffnungen können mit einem Löfferl voll Wachs nachgegossen werden.
Beim Tauchen müssen wir sehr vorsichtig sein, weil wir uns leicht verbrennen können.
Als Wachs kann man auch Paraffin verwenden, das billiger ist. Reines Bienenwachs eignet sich nicht so gut.

Erfahrung

ist wohl die Hauptsache bei der Käseerzeugung. Durch gutes Beobachten kann stets dazugelernt werden. Die Rezepte allein garantieren noch kein gutes Gelingen. Mit jedem hergestellten Käse wird man reicher an Erfahrung.

Essigwasser

wird zum Auswaschen verklebter Käseformen verwendet, zum Ausspülen der Milchbecher vor dem Füllen bei der Gupferzeugung, löst Laugenstein. Käsetücher werden nach dem Auskochen durch frisches Essigwasser gezogen und trocknen gelassen. Mit Essig kann Käserinde von unliebsamen Pilzen befreit werden. Die Käseküche und der Kühlschrank können mit Essigwasser gereinigt werden.

Färben von Käse

Beim Bauernkäse wird das Färben vermieden. Wenn trotzdem in den Rezepten Angaben über gefärbten Käse gemacht wurden, so nur der Vollständigkeit des Rezeptes wegen. Wir werden natürliche Milch ohne Farbzusatz zu Käse verarbeiten.
In einem alten Buch fand ich folgende Angaben: Farbmittel in der Käseproduktion sind Safran und Orlean. Bei Safran genügen 0,1 bis 0,2 Gramm für 100 Liter Milch.

Faustprobe *siehe Griffprobe*

Fett

Milchfett sondert sich in Form von Rahm ab. Aus diesem wird Butter erzeugt. Wird Magermilch verkäst, so wird der Käse härter, als wenn Vollmilch verkäst wird. Je höher die Verkäsungstemperatur ist, desto mehr Fett geht in die Molke ab (siehe Molkebutter). Da ein Großteil der Geschmackstoffe im Fett gelöst sind, bedeutet fettreicherer Käse auch intensiverer Geschmack.

Fettgehalt

Je fetter die Milch, desto länger und schonender muß der Käsebruch bearbeitet werden. Die Nachwärmtemperatur soll etwas höher sein. Die Wasserzugabe (Schafmilch) muß höher sein.
F.i.T. ist der Fettgehalt in der Trockensubstanz des Käses. Diese Angabe ist nur notwendig, wenn der Käse über den Handel verkauft wird. (Siehe Käse, Einteilung nach Fettstufen.)

Fettkügelchen

Das Fett ist in der Milch in Form kleiner Kügelchen (Durchmesser ca. $5/1000$ mm) verteilt. Diese ballen sich bei Kühllagerung zusammen und steigen – da Fett leichter ist als Wasser – mit einer gewissen Geschwindigkeit hoch (Aufrahmung).

Fettspalter

sind Bakterien, die sich bei niederer Temperatur vermehren. Der Käse wird ranzig, wenn Fettspalter in Überzahl vorhanden sind, weil freie Fettsäuren entstehen, die einen unangenehmen Geruch haben.

Gallerte

Die Gallerte, auch Dickete genannt, ist die gestockte Milch. Die richtige Festigkeit der Gallerte ist zu beachten. Ist die Gallerte zu weich, geht beim Schneiden zuviel Eiweiß („Staub") in die Molke ab. Die Molke ist dann trüb, und die Ausbeute ist gering. Ist die Gallerte zu fest – hat bereits eine Hautbildung stattgefunden –, dann tritt die Molke schlecht aus bzw. bleibt später im Bruch eingeschlossen, weil die Hautbildung verhindert, daß die Molke von innen austreten kann.

Gallerte-Probe oder Schnittprobe

Um festzustellen, ob die Gallerte dick genug ist, setzt man ein Messer schräg in die Gallerte, dreht es zur Breitseite und hebt die Gallerte hoch. Ist der Schnitt glatt und fest und fällt nach beiden Seiten glatt auseinander, so ist die Gallerte richtig zum Schneiden. Manche Käser machen die Gallerteprobe mit einem Finger.

Gasbildung im Käse

Eine erwünschte Gasbildung im Käse kommt beim Emmentaler vor. Durch Zusätze (Propionsäurebakterien) kann man die Gasbildung steuern.
Eine unerwünschte Gasbildung wird durch Colibakterien, Hefebakterien und Buttersäurebakterien hervorgerufen. Entsprechende Löcher und Risse im Käse sind die Folge.

Gerinnung

Man unterscheidet Säuregerinnung, Labgerinnung und kombinierte Säure-Lab-Gerinnung.

a) Säuregerinnung

Die Milch säuert „von selbst" oder durch Zusatz von Säurewecker, da sich die Milchsäurebakterien bei günstiger Temperatur (20–24 Grad C) rasch vermehren können und die Milch durch Absenkung des pH-Wertes auf 4,6 zum Gerinnen bringen. Die übrigen Bakterien werden in ihrem Wachstum gehemmt.

b) Süß- oder Labgerinnung

Durch Labzugabe zur frischen, süßen Milch gerinnt die Milch. Die Gerinnungszeit hängt von der Einlabtemperatur und der Labzugabe ab. Manche Käse, z. B. Frischkäse, erfordern eine möglichst langsame (10–20 Stunden) Gerinnung, andere Käse (Hartkäse) erfordern eine raschere Gerinnungszeit. Der Bruch ist fester als bei reiner Säuregerinnung.

c) Lab-Säure-Gerinnung

Bereits angesäuerter Milch (durch Milchsäurewecker oder über 12 Stunden alte Milch) wird zusätzlich Lab beigemischt. Diese Gerinnungsform wird hauptsächlich in der Käserei verwendet, da sie Aromabildung mit einer guten Konsistenz vereint.

Gerinnungsprobe

Die Gerinnungsprobe wird in etwa dann durchgeführt, wenn die Milch (je nach Rezept) zu gerinnen beginnt. Ein schwarzer flacher Stab wird in die Milch geschoben und wieder herausgezogen. Ist die Milch bereits ausgeflockt, sieht man das am schwarzen Stab gut. Als Ersatz kann auch die Schneide eines Messers verwendet werden.

Gerinnungszeit

Die Gerinnungszeit ist halb so lange wie die Zeit der Stockung der Milch. Das ist wesentlich festzustellen, wenn genaue Angaben im Rezept gemacht werden, damit man ausrechnen kann, wann die Gallerte zu schneiden ist; ob die Angaben über Labmenge und Temperatur richtig sind, damit in der angegebenen Zeit geschnitten werden kann.

Gesetze

Bei Verkauf von Milchprodukten müssen verschiedene Gesetze und Verordnungen (Lebensmittelgesetz, Hygieneverordnung etc.) beachtet werden. Da sich die Gesetze laufend verändern, weisen wir hier nur darauf hin, daß die Lebensmittelbehörden und -prüfstellen stets über den neuesten Stand Auskunft geben.
Für die Namen des zu verkaufenden Produktes gilt, daß geschützte Namen, wie z. B. Roquefort, Schichtkäse etc. nicht verwendet werden dürfen. Ein eigener Sorten- oder Phantasiename muß gewählt werden.

Gewichtsverlust

Beim Pressen, bei der Reifung des Käses sowie durch Salzen und Verdunsten entsteht ein Gewichtsverlust durch Wasseraustritt (Molke).

Grenzwerte

Bei mikrobiologischen Lebensmitteluntersuchungen wird festgestellt, ob das Lebensmittel noch innerhalb der Grenzwerte liegt. Es wird die Bakterienanzahl pro Gramm gemessen. Die Werte sind von Land zu Land verschieden und müssen jeweils eingehalten werden, wenn der Käse zum Verkauf angeboten wird. Im eigenen Interesse sollte man manchmal auch Käse, den man „nur" selbst ißt, kontrollieren lassen, damit eine Überprüfung der selbsterzeugten Nahrung deutlich zeigt, ob eventuell Fehler in der Fertigung gemacht werden, die es zu vermeiden gilt.

Griffprobe

Erfahrene Käser nehmen, bevor sie die Käsemasse in Formen abfüllen, eine Handvoll Käsebruch und drücken ihn zusammen. Fällt er beim Öffnen der Hand wieder auseinander, so ist der Bruch richtig zum Abfüllen. An dieser Probe weiß man bald aus Erfahrung – und das nur aus Erfahrung –, wann der Bruch fertig verkäst ist.

Hitzestabilität

Schafmilch hat eine schlechte Hitzestabilität. Wird Schafmilch zu hoch (über 80 Grad C) erhitzt, flockt sie aus. Muß man Schafmilch pasteurisieren, so soll dies schonend geschehen. Ein Wasserzusatz von 5–10% ist empfehlenswert. Gegen Ende der Laktationsperiode nimmt die Hitzestabilität der Schafmilch wegen des steigenden Trockenmassegehaltes weiter ab.

Homogenisieren der Milch

Die Fetteilchen der Milch werden durch mechanische Einwirkung zerschlagen. Daher rahmt die Milch kaum mehr auf. Die Fettkügelchen sind ursprünglich von einem Schutzmantel umgeben, der das Aufrahmen fördert. Dieser wird beim Homogenisieren zerstört. Daher können im weiteren die Bakterien, die Fette zerspalten, rascher an ihre Arbeit gehen. Die Milch wird eher schlecht als sauer.
Untersuchungen zeigen, daß sich auch die Verdaulichkeit der Milch verändert hat.

Immunsystem

Nach KLUPSCH ist der Darm die Wiege des Immunsystems: Jede Krankheit ist mit dem teilweisen oder totalen Versagen dieses Systems gekoppelt. Die normale Bakterienflora (die u. a. auch durch Sauermilchprodukte stimuliert wird) verhindert, daß sich krankheitserregende Keime ansiedeln und im Übermaß vermehren können. Daß man Hygiene (Kapitel Hygiene) auch übertreiben kann, beweist folgende Erkenntnis: Ohne Keime im Darm würden wir theoretisch länger leben (Schonung des Abwehrsystems), aber in der Praxis würden wir viel früher sterben, da die kleinste Infektion, die von außen kommt, tödlich wäre.

Impfen

Den Vorgang, vor dem Verarbeiten die Milch mit der gewünschten Starterkultur (Milchsäurebakterien, Joghurtbakterien, Kulturschimmel etc.) zu versetzen, nennt man auch Impfen der Milch.

Impfmenge

Milchsäurebakterien: 0,5–1% (evtl. auch bis 3%)
Joghurt: 2–4%

Inkubationszeit

ist die Zeit, die die Starterbakterien benötigen, um sich an das neue Milieu (Milch) zu gewöhnen.

Käse

Das Wort „Käse" leitet sich vom lateinischen „caseus" und „coagulum formatum" (geformtes Gerinnsel) ab. Vergleiche: kaas, cheese, queso, fromage, formaggio. Die Käseherstellung ist seit über 4000 Jahren bekannt.
Käse entsteht aus Milch durch chemische und mikrobielle Vorgänge. „Käse ist konzentrierte und durch mikrobielle Reifung veredelte Milch" (KIELWEIN).

Käse teilt man ein:

nach dem Wassergehalt:

Unterteilungsform	Wasser in der fettfreien Trockenmasse
I Reibkäse (Parmesan, Sbrinz)	bis 49%
II Hartkäse (Emmentaler, Bergkäse)	49–55%
III Schnittkäse (Edamer, Tilsiter, Gouda)	55–62%
IV Halbfeste Schnittkäse (Butterkäse, Gorgonzola)	62–68%
V Weichkäse (Camembert, Brie, Romadur)	68–73%
VI Frischkäse	73–86%

nach dem Fettgehalt (F.i.T.):

mager	10%
¼-fett	15%
½-fett	25%
¾-fett	35%
vollfett	45%
Rahmstufe	55%
Doppelrahmstufe	65%

nach der Herkunft:

bzw. Geschmackstyp: Schweizer, italienischer Käse etc., Molkereikäse, Käse aus Bauernhand

nach dem Rohprodukt:

Rohmilchkäse, Käse aus pasteurisierter Milch, Schmelzkäse

Käsefehler

Ein Käsefehler liegt vor, wenn das Produkt nicht so geworden ist, wie es beabsichtigt wurde. Der Fehler kann nur optisch sein oder durch falsche Bearbeitung oder mangelhafte Hygiene entstanden sein.
Fehlerhafter Käse kann daher ungenießbar, gerade noch genießbar oder aber „bester Güte" sein. (Siehe Kapitel Käsefehler.)

Käsereisalze

Calciumchlorid ($CaCl_2$). Beim Erhitzen der Milch auf über 70 Grad C wird Calcium gebunden und steht somit nicht mehr für die Labgerinnung zur Verfügung. Es muß daher Käsereisalz (10 g/100 l Milch) zugefügt werden, um eine feste Gallerte zu erhalten.
Ebenso wird das Verhältnis von Käsestoff und Kalksalzen durch Wasserzugabe gestört. Es gibt u. U. zu wenig Kalksalze im Milch-Wasser-Gemisch, der Käse wird zu weich.

Bei der Schafmilch allerdings wird das ausgenützt. Der Hartkäse würde zu hart werden, wenn der Milch nicht 10–30% Wasser beigemischt würde. Gegen Ende der Laktationsperiode muß – wegen des höheren Trockensubstanzgehaltes in der Milch – mehr Wasser beigemischt werden, damit ein geschmeidiger Käse entsteht.

Zu wenig Kalksalze in der Milch machen schmierigen Käse. Wir sollten den Tieren Futterkalk verabreichen oder auf kalkarmes Futter (Rübenschnitzel) verzichten.

Auch Nitrate (gegen Sporenbildner) zählen zu den Käsereisalzen.

Käseuntersuchungen

Diese führen die zuständigen Lebensmitteluntersuchungsstellen durch. Meist sind wegen der teuren Nährböden hohe Kosten damit verbunden. Daher werden für den Hausgebrauch diese Untersuchungen vermieden. Wir sollten aber doch 1–2mal im Jahr Untersuchungen machen lassen, vor allem dann, wenn auch Freunde und Gäste den Käse genießen. Die Verantwortung ist doch ziemlich groß. Wird der Käse verkauft, sind Untersuchungen Pflicht, bzw. es werden Proben von der Lebensmittelbehörde in gewissen Abständen durchgeführt. Diese Proben sind dann meist kostenlos. Inzwischen gibt es auch empfehlenswerte Schnelltests für Praktiker (siehe Quellenverzeichnis).

Kennzeichnungsverordnung

Wird Käse verkauft, muß in Österreich auf der Packung, wenn der Käse nicht offen geliefert oder in einer Klarsichtpackung angeboten wird, folgendes angegeben werden: Hersteller (Name, Adresse), Gewicht, Art des Käses, Fettgehalt, Milchart, Lagerbedingungen und Tage der Haltbarkeit.

Lab

ist ein Enzym aus dem Magen von jungen Wiederkäuern, das das Eiweiß in den Käsestoff Kasein und das mengenmäßig geringere, wasserlösliche Molkenprotein (Albumine und Globuline) spaltet. Molkenprotein geht in die Molke ab und kann für Zieger und Ricotta verwendet werden.

Lab-Alter

Das Alter des Labs spielt eine wesentliche Rolle für die Gerinnung der Milch. Das Lab soll frisch sein. Nach einem halben Jahr verliert das Lab an Wirkung. Man kann sich kurzfristig damit helfen, daß man die doppelte Menge Lab verwendet, bis man sich wieder frisches Lab besorgt hat.

Labgerinnung

siehe Gerinnung

Labherstellung

Die Labherstellung aus dem Kälbermagen ist prinzipiell möglich, ist aber sehr aufwendig und führt nicht immer zum Erfolg. Lab kauft man besser gleich in der nötigen Menge in der Apotheke (bei Kleinverbrauchern) oder in einem Labor.

Labmenge

Die benötigte Labmenge ist abhängig von
– der Art der Milch (Schafmilch braucht weniger Lab als Kuh- und Ziegenmilch)
– der Labstärke (1 : 10.000 oder 1 : 15.000)
– der gewünschten Dickungszeit
– der Art des Käses (Frisch-, Weich- oder Hartkäse).
Je höher die Labmenge (bei gleicher Stärke), desto rascher stockt die Milch, desto fester wird der Bruch und desto elastischer wird der Käseteig.
Faustregel: 1 ml = 15–20 Tropfen, 1 cm^3 = 1 ml

Lab 1:15.000	Kuh, Ziege ml/l Milch	Schaf ml/l Milch
Frischkäse	0,4–0,8	0,4–0,8
Topfen, Gervais	0,02	0,02
Weichkäse	0,2–0,4	0,2–0,3
Hartkäse	0,2	0,12–0,15

Labstärke

Die Labstärke beträgt bei Flüssiglab meist 1 : 15.000 oder 1 : 10.000. Das bedeutet, daß mit 1 Teil Lab 15.000 Teile Milch bei 35 Grad C in 40 Minuten dickgelegt werden (Definition).

Labprobe

Um festzustellen, ob die angegebene Labmenge mit dem eigenen Lab und der eigenen Milch richtig ist, machen wir eine Labprobe:
1 Liter Milch wird im Wasserbad auf die dem Rezept entsprechende Temperatur

gebracht und mit der angegebenen Labmenge versetzt. In der angegebenen Zeit muß die Milch gestockt sein.

Labpulver

Der Vorteil des Labpulvers gegenüber dem Flüssiglab ist, daß die Labwirkung nicht so rasch abfällt. Ein Nachteil ist, daß das Abmessen umständlicher ist und nie ganz genau sein kann. Geringe Abweichungen haben aber große Auswirkungen.

Labwirkung

Die Labwirkung ist abhängig von:
Temperatur: Die Labwirkung ist bei einer Einlabtemperatur von 20 bis 48 Grad C gegeben. Ihr Optimum liegt bei 41 Grad C. Unter 8 Grad C und über 70 Grad C gibt es keine Labwirkung. Höhere Temperaturen führen zu rascherer Dicklegung, schnellerem Molkeaustritt und festerem Bruch.
Säuerung der Milch: Je stärker die Säuerung, desto rascher wirkt das Lab.
Ist die Milch alkalisch (z. B. durch Rückstände von Reinigungsmitteln), so wird die Labwirkung verhindert.
Erhitzung der Milch: Wurde die Milch erhitzt, gerinnt sie etwas schlechter, und der Bruch wird weicher.
Labmenge, Labstärke und Zeit: Diese Faktoren beeinflussen die Festigkeit der Gallerte entsprechend.

Lichteinwirkung schadet dem Lab. Daher soll man Lab immer gut verschlossen und dunkel aufbewahren.

Labwirkung von Pflanzen

Einige Pflanzen haben ähnliche Wirkung wie das Kälberlab. Diese Pflanzen sind: Labkraut (Galium verum), Feigenbaum, Artischocke, einige Disteln, Melonenbaum, Fettkraut (Inguicula vulgaris). Sie werden aber kaum genützt, außer dem Fettkraut für Taette oder dem Saft des Feigenbaumes.

Lagerraum

sollte, wenn nicht anders angegeben, eine gleichmäßige Temperatur von 12–15 Grad C haben. Butterkäse reift bei niedrigeren Temperaturen (6 Grad C).

Liebe

Liebe ist die geheimnisvolle Zutat, die unseren selbstgemachten Käse so ein-
zigartig macht und ihn am auffälligsten vom Industriekäse unterscheidet. Es
sollte mit der Menge nie gespart werden. Diese Zuwendung beginnt bei den
Tieren und reicht bis hin zum Servieren. Sie ist wissenschaftlich nicht meßbar,
kostet nichts und steht jedem immer zur Verfügung, wenn er sie geben will.

Luftfeuchtigkeit

Die Luftfeuchtigkeit wird mit einem Hygrometer in Prozenten gemessen. Sie
wird für den Reifungskeller bei den einzelnen Rezepten angegeben. Die Luftfeuchtigkeit ist ausschlaggebend für die Reifung der Käse.
Ist die Luftfeuchtigkeit im Raum höher als angegeben, wird die Käseoberfläche
schmierig. Der Käse verheft. Durch Ventilatoren wird die L. gesenkt.
Ist die Luftfeuchtigkeit zu nieder, trocknet der Käse aus. Das ist im Kühlschrank
stets der Fall und wird auch zum Übertrocknen der Käse ausgenützt. Im Raum
können Luftbefeuchter installiert oder nasse Tücher aufgehängt werden.

Lüftung

Ein guter Käseraum wird über Ventilatoren gelüftet. Ein offenes Fenster ergibt
meist Zugluft, die vermieden werden soll. Der Käse trocknet aus, und die Rinde
bekommt gerne Risse. Wichtig ist jedoch eine gute, richtige Lüftung. Frischluft
ist für den Käse unbedingt erforderlich. Geöffnete Fenster müssen mit Fliegengitter vermacht werden.

Milchgärprobe

Fest verschließbare Gläser werden mit der Milch, separat nach Tieren, gefüllt
und ins Wasserbad gestellt. Schafmilch wird bei 35 Grad C und Kuhmilch bei
38 Grad C bebrütet. Die Milch wird nach 6, 9 und 12 Stunden (bei Schafmilch
nach 20 bis 29 Stunden) überprüft. Ist die Kuhmilch vollkommen gesund, wird
diese nach 12 Stunden noch nicht geronnen sein. Schafmilch wird nach
20 Stunden noch nicht geronnen sein – aber sie kann säuerlich riechen.
Schlechte Milch wird möglicherweise schon nach 6 Stunden Abweichungen
zeigen. Sie kann übel riechen, Gasblasen aufweisen oder käsig, grießig geronnen sein. Nach 24 Stunden (bzw. 48 Stunden bei Schafmilch) sollten die guten
Milchproben gleichmäßig gallertartig geronnen sein.
Eine Milchgärprobe sollte gemacht werden, bevor mit dem Verkäsen begonnen
wird. Eine Überprüfung ist dann notwendig, wenn aus unbekannten Gründen
der Käse einmal nicht gelingt.

Milchgüte

Von der Milchgüte hängt es ab, ob Rohmilchkäse hergestellt werden kann. Verwöhnte und feine Gaumen schätzen Rohmilchkäse sehr hoch ein. Käse aus minderer Milch gemacht, kann nur eine mindere Käsegüte haben.

Milchgütetest

In einem sauberen Glas wird Milch bei 20 bis 24 Grad C 24 Stunden lang offen stehen gelassen und dann die Milch kontrolliert. Riecht sie noch gut? Sind Bläschen zu sehen? Große Blasen bedeuten Hefepilze, kleine Bläschen Colibakterien. Ist die Milch „zerfetzt", war das Futter schlecht.

Milchsäurewecker oder Milchsäurestarter

Säurewecker, Säurestarter, Milchsäurekultur, auch nur Kultur genannt, können sein: saure Milch, Buttermilch, Joghurt, frische Molke oder Spezialkulturen aus dem Labor. Milchsäurekultur muß immer ganz frisch sein. Gekaufte, gefriergetrocknete Kulturen können in abgekochter oder H-Milch selbst weitergezüchtet werden. Alle 3 Tage muß in frische, abgekochte Milch überimpft werden. Das lohnt sich für größere Tagesmilchmengen.

Für den Hausgebrauch bzw. für den Anfänger sind gekaufte Butter- oder Sauermilch oder gute Molke vom Vortag, gegebenenfalls auch Joghurt, am günstigsten.

Joghurt als Milchsäurekultur ist bereits eine Spezialkultur, die für die Joghurtzubereitung verwendet wird. Die überwiegend thermophilen Joghurtbakterien vermehren sich bei Temperaturen von 37–43 Grad C und geben den gewünschten Joghurtgeschmack.

Buttermilch enthält vier wichtige Milchsäurebakterien und ist für die Käseherstellung als Säurewecker bestens geeignet. Wir finden in ihr Streptococcus lactis und Streptococcus cremoris für die Säuerung, Streptococcus diacetilactis und Leuconostoc cremoris für die Aromabildung. Wegen der Aromabildner ist Buttermilch für Weich- und Hartkäse zu empfehlen.

Saure Milch ist ebenfalls geeignet als Säurewecker. Sie enthält meist nur die Säurebildner und ist daher eher für die Frischkäseherstellung geeignet.

Molke darf nur in ganz frischem Zustand als Säurewecker verwendet werden. Wir benötigen die doppelte angegebene Menge, wenn wir Molke verwenden. Molke könnte auch gewisse unerwünschte Bakterien enthalten, die dann „verschleppt" werden und den weiteren Käse verderben. Daher müssen wir mit Molke besonders vorsichtig sein.

Sollte einmal der Käse nicht mehr in die richtige Richtung säuern, muß ein neuer Säurewecker genommen werden bzw. überprüft werden, ob mit weniger oder mehr Säurewecker bessere Erfolge erzielt werden.

Der eigene Versuch ist dabei wichtig, welche Geschmacksrichtung erwünscht ist. Manche Käser bevorzugen Sauer-, andere Buttermilch oder sauren Rahm.

Anleitung: Zur Frischmilch wird vor dem Verkäsen 0,5 bis 3% (je nach Rezept und Erfahrung) Säurewecker zugefügt, damit die Bakterienentwicklung beim Verkäsen in die richtige Richtung gelenkt wird. Die Milch benötigt ¼ bis 1 Stunde, um mit Hilfe der Bakterien eine leichte Vorsäuerung zu erreichen. Sie darf aber nicht sauer schmecken. Dann erst soll eingelabt werden, um die bestmögliche Labwirkung zu erzielen. Joghurt und Kefir brauchen höhere Kulturmengen (5%).

Milchzucker (Lactose)

Durch den Reifungsprozeß des Käses wird Milchzucker in Milchsäure umgewandelt oder vergärt. Eine zu stürmische Vergärung ergibt geblähten Käse. Richtige Gärung bewirkt die gewünschten kleinen oder größeren Löcher im Käse.

Molke

siehe eigenes Kapitel

Pasteurisieren der Milch

Durch Erhitzung werden Krankheitserreger und viele Mikroorganismen abgetötet. Es verringert sich der Vitamingehalt (bis zu 20%). Die Eiweißzusammensetzung verändert sich. Die Milch wird etwas länger haltbar, was für den üblichen langen Vertriebsweg notwendig ist.

Erhitzung der Milch auf

a) Kurzzeiterhitzung: 72–74 Grad C für 15 Sekunden

b) Dauererhitzung: 65 Grad C für 30 Minuten

Für den Hausgebrauch ist die Methode b) energetisch günstiger und schonender für die Milch.

Nach der Erhitzung muß sofort auf Impftemperatur heruntergekühlt werden und genügend Säurekultur zugesetzt werden.

Fügt man Starter irrtümlich vor dem Erhitzen zu, muß man nach dem Abkühlen neuerlich Kultur beimengen.

Wird die Milch zu hoch erhitzt, bekommt sie einen Kochgeschmack.

Flockt Eiweiß aus, kann es mit dem Schneebesen u. U. wieder verteilt werden.

Die Molkerei erreicht dies durch Homogenisierung.
Nach dem Pasteurisieren muß gegebenenfalls Calciumchlorid (10 g/100 l) zugesetzt werden, damit der Bruch fester wird.

Personalhygiene

Über die Hände werden viele Bakterien in die Milch oder den Käse abgegeben, wenn wir nicht ständig auf möglichst einwandfreie Personalhygiene achten.
Die Hände müssen stets vor der Arbeit mit Milch und Käse mit Seife und Nagelbürste bis zu den Unterarmen gewaschen werden. Vor allem muß nach jedem Toilettengang eine saubere Waschung mit Seife vorgenommen werden, egal ob wir gleich danach mit Milch arbeiten oder nicht.
Wenn wir krank sind, haben wir nichts beim Käse verloren.
Wunden, Ekzeme, Verletzungen, womöglich noch eitrige Finger oder ein Ausschlag sind Gefahren für die Bakterienübertragung. Manchmal kann man sich mit dünnen Gummihandschuhen noch helfen. Mit eitrigen Wunden sollten wir die Milchbearbeitung meiden. (Eitrige, kleine Wunden heilen sehr schnell – beim Tier und auch beim Menschen – mit Knoblauch ab, eventuell in hochprozentigem Alkohol gelöst und übersprüht.)
Fingernägel werden kurz gehalten. Fingerringe sammeln zwischen Ring und Finger Bakterien an. Daher sollte man Schmuck ablegen, wenn man mit Milch zu tun hat.
Die Haare werden mit einem Tuch vor dem Herunterfallen geschützt. Eine weiße Schürze, saubere Kleidung und Schuhe sind beim Verkäsen selbstverständlich.

pH-Werte von Milch und Käse

Der pH-Wert ist das Maß für die wirksame Säure. Er kann mit Indikatorpapier gemessen werden. Professionelle Käser tritieren den Säuregrad mit Natronlauge.

Frischmilch	6,6–6,7	Hartkäse	5,0–6,0
angesäuerte Milch	5,9–6,2	Weichkäse	4,5–5,2
saure Milch	4,5	Frischkäse	4,5–4,8
Mastitismilch	über 6,8		

Pikieren

nennt man das Anstechen der Käse während der Reifezeit mit ausgeglühten Nadeln, um Luft ins Innere zu bringen (Roquefort, Gorgonzola).

Pressen

Der Käsebruch wird gepreßt, entweder im Tuch oder in Formen, oder aber er wird in der Molke nur zusammengeschoben.
Durch das Pressen wird die Molke aus dem Käse entfernt und die Oberfläche festigt sich. Pressen bewirkt das „Schließen" des Käses.
Beim Pressen des Käses müssen wir vorsichtig sein. Der Preßdruck soll anfänglich gering sein und später nach und nach gesteigert werden. Fetter Käse soll weniger stark gepreßt werden als Magerkäse. Größere Käse werden stärker gepreßt als kleine Käse. Die Raumtemperatur beim Preßvorgang sollte zwischen 10 und 20 Grad C liegen.

Rahmpasteurisierung

Wer Butter mit längerer Haltbarkeit erzeugen will, muß den Rahm pasteurisieren. Dies geschieht bei Temperaturen von 75–90 Grad C.

Reifung

Die Reifung ist der Vorgang, bei dem Aroma und Art (Konsistenz) des Käses entstehen. Durch die Arbeit der Mikroorganismen, sowohl an der Oberfläche (luftliebende Bakterien, Hefen und Schimmel), als auch im Inneren des Käses (Milchsäurebakterien, evtl. Proprionsäurebakterien), werden Kasein und Milchfett zu einfacheren Verbindungen abgebaut, die dem Käse einen besonderen Geschmack verleihen. Auch die Milchsäure wird wieder abgebaut, vor allem durch Milchschimmel an der Oberfläche.
Folge: pH wird höher. Rotschmierebakterien können sich besser entwickeln. Durch Gärung entstehen Löcher im Käse.
Es reift:
Weichkäse bei 12–14 Grad C in einigen Tagen bis Wochen
Schnittkäse bei 14–18 Grad C in einigen Wochen
Hartkäse bei in den Rezepten angegebenen Temperaturen in einem bis mehreren Monaten

Reifungsraum

Früher verwendete man Höhlen und gute Keller als Reifungsraum. Heute werden mit technischem Einsatz (Ventilatoren, Klimasteuerung) gleichmäßige Bedingungen im Reifungsraum geschaffen.
Weich- und Hartkäse muß eine gewisse Zeit in einem Reifungsraum lagern. Dieser muß entsprechend der Käseart bestimmte Voraussetzungen erfüllen. Jeder Käse erfordert arteigene Temperaturen, eine bestimmte Feuchtigkeit und

gute, zugfreie Lüftung, damit sich die spezifischen Mikroorganismen optimal entfalten können.

Zu trockene Luft im Reifungsraum erzeugt Risse im Käse, zu hohe Feuchtigkeit ergibt einen schmierigen Käse.

Zu hohe Temperaturen lassen den Käse fließen, zu niedrige verzögern die Reifung oder stoppen sie.

Der Reifungsraum muß vor Fliegen, Mäusen und Ratten geschützt sein. Fremdschimmel dürfen nicht im Raum sein.

Ein guter Reifungsraum erfordert zwar einige Mühe, das Aroma des Käses ist aber gepflegter und viel ausgeprägter als bei foliengereiften Käsen!

Ersatz: manipulierte Kühl- und große Plastikbehälter mit nicht ganz geschlossener Abdeckung.

Rohmilch

Milch, so wie sie von der Kuh direkt kommt, ohne mechanische Bearbeitung, mit allen Vitaminen und natürlichen Stoffen, unverfälscht und lebendig, ist die beste Ausgangsbasis für einen guten Käse, gesunde Ernährung und gesund heranwachsende Kinder.

Das gilt allerdings nur, wenn das Tier gesund ist und die entsprechenden Hygienevorschriften eingehalten werden. Im anderen Fall können durch Rohmilchgenuß z. T. schwere Krankheiten übertragen werden.

Salz

Zur Käseherstellung verwenden wir Kochsalz. Wir verwenden grobes Salz, weil es leichter zu dosieren ist. Achtung beim Trockensalzen von Käse mit Oberflächenschimmel: u. U. kann zu grobes Salz das Schimmelwachstum stören!

Salzen

Beim Salzen des Käses wandert das Salz langsam von außen nach innen. Man kann die Käserohlinge trocken salzen oder sie in ein Salzbad legen.

Trockensalzen: Der etwas abgetrocknete Käserohling wird mit Salz bestreut, eingerieben oder eingebürstet, je nach Rezept. Es kann ein- bis sechsmal beim täglichen Wendevorgang gesalzen werden.

Die Vorteile beim Trockensalzen sind, daß dem Käse das Salz langsam zugeführt wird. Eine späte Reifung wird günstig beeinflußt. Man kann die Käsereifung damit beeinflussen, d. h. den Käse „regulieren".

Nachteile des Trockensalzens: Dieser Vorgang ist arbeits- und zeitaufwendig.

Salzbad: Eine 20%-Salzlösung wird aufgekocht und dann wieder abgekühlt. Sie sollte einen pH-Wert von 5,0–5,1 haben. Ist die Salzkonzentration zu gering (unter 16 Baumé-Meßgrade), erhält der Käse keine Rinde, er wird schwammig.

Man benützt meist ein 18 grädiges Salzbad. Gemessen wird mit einer Salzbad-spindel, wie sie auch von Fleischhauern verwendet wird.

Auch die *Temperatur* des Salzbades ist wichtig. Sie sollte 10 bis 18 Grad C haben. Ist die Temperatur darüber, kippt das Salzbad um. Ist die Temperatur darunter, nimmt der Käse das Salz nicht an.

Da der eingelegte Käse Salz aufnimmt, muß das Salzbad, das öfter verwendet werden kann, immer wieder nachgesalzen werden. Wenn ein rohes Ei im Salzbad schwimmt, dann ist das Salzbad richtig, hat mir einmal ein Hobbykäser gesagt.

Legen wir Schimmelkäse in ein Salzbad, sollte weiterhin nur solcher Käse ins Salzbad gelegt werden, weil sich sonst die Schimmelkultur auf andere Käse überträgt.

Da ins Salzbad immer etwas Molke abgeht, vermehren sich darin Hefen und unerwünschte Bakterien. Daher muß das Salzbad immer wieder aufgekocht werden. Wenn es zu sauer wird, muß es erneuert werden.

Dauer des Salzbades: Je nach Größe des Käses muß dieser kürzer oder länger im Salzbad bleiben. Ein Käse, der 200–300 g Gewicht hat, bleibt ca. 2 Stunden im Salzbad. Der Käse muß im Salzbad gewendet werden.

Zwecke des Salzens sind: die Geschmacksbildung, die Rindenbildung, die Halt-barmachung, die Beeinflussung der Reifung, die Verringerung des Feuchtig-keitsgrades im Käse.

Wir salzen mit Überlegung. Rasches und viel Salzen verhärtet die Käseoberflä-che. Langsames und mehrmaliges Salzen bewirkt gleichmäßiges, langsames Durchsalzen des Käses. Weichkäse erfordert eine raschere Trocknung als Hart-käse. Es wird daher bei Weichkäse etwas mehr gesalzen als bei Hartkäse.

Salzlake

Die Salzlake verwendet man zum Einlegen von abgetrockneten Handkäsen. So ist der Käse einige Wochen haltbar. Auf 1 l Wasser werden 5 dag Salz gegeben, aufgekocht und wieder abgekühlt. Ist die Salzlake zu salzig, wird der Käse salziger, je länger er darin aufbewahrt wird; ist sie zu wenig salzig, ist die Haltbarkeit des Käses herabgesetzt.

Säuerung

Man unterscheidet gezielte und wilde Säuerung der Milch. Läßt man die Milch einfach stehen und sauer werden, so handelt es sich um eine wilde Säuerung. Gibt man der Milch ausgesuchte Säurebakterien zu, die die Milch in diese spezielle Säuerung steuern, dann spricht man von einer gezielten Säuerung. In den Molkereien wird nur mit gezielter Säuerung gearbeitet. Auch Joghurtzubereitung ist eine gezielte Säuerung. Pasteurisierte, sterilisierte und hocherhitzte Milch muß gezielt gesäuert werden, wenn man daraus Käse machen will.

Bei *Kaltsäuerung* (Topfen) wird bei 20 bis 24 Grad C eingelabt. Dies ergibt eine höhere Ausbeute. Die Säuerung dauert etwa 12 Stunden. Für Frischkäse ist diese Art der Säuerung ideal.
Bei *Warmsäuerung* (Weich- und Hartkäse) wird bei 28–35 Grad C eingelabt. Es geht schneller und dauert zwischen 30 und 120 Minuten.

Säurewecker

siehe Milchsäurewecker

Silage

Durch schlecht gesäuerte Silage wird die Milch ungeeignet zum Verkäsen. Es sind Sporenbildner (siehe „Käsereisalze") in der Milch, die sich rasch vermehren können. Dadurch kommt es zur Gasentwicklung und zu Fehl- bzw. Spätgärung. Das ergibt zerrissenen Käse. Zusätzlich kann fehlerhafte Silage Listerien enthalten.
Bei einwandfreier Silage gibt es an und für sich keinerlei Probleme, doch ist es ratsam, eher Frisch- als Hartkäse herzustellen.

Schmelzkäse

80% hoch- und 20% minderwertige Käsereste werden mit Kochsalz, Citraten, Phosphaten und eventuell Gewürzen bei 85–100 Grad C in 5–10 Minuten geschmolzen.

Schmierelösung

In kaltes Wasser wird 5% Salz und reine Rotschmierekultur (Brevibacterium linens) gemischt.
Die Schmierelösung entsteht allerdings auch meist von selbst, wenn wir den gesalzenen Käse mit einer 5%igen Salzlösung schmieren. Wir schmieren mit einem sauberen kleinen Tüchlein. Das verhindert das Aufkommen von Schimmelpilzen. Die entstehende Schmiere enthält Bakterien, deren Enzyme den Käseteig von außen nach innen reifen lassen.

Schmieren

Mit der Schmierelösung wird der Käse allseitig eingerieben, wenn er auf einem Gitterbord lagert. Lagert er auf einem Brett, wird er so geschmiert, daß die Seite, die auf das Brett zu liegen kommt, trocken bleibt.
Bei jedem Schmiervorgang wird der Käse gewendet.
Wir beginnen beim ältesten Käse. So übertragen sich die Rotschmierebakterien automatisch auf die jüngeren Laibe.
Weichkäse wird etwa drei Wochen lang geschmiert, Hartkäse muß jedoch 6 Wochen lang geschmiert werden.

Spezialkulturen

Neben den üblichen Säurekulturen verwenden wir:
– Eiweißspalter für die Oberflächenreifung, z. B. Brevibacterium linens
– Aromabildner, z. B. Leuconostoc
– Gasbildner, z. B. Propionibacterium (Emmentaler)
– Schimmelpilze, z. B. Penicillium camemberti (Camembert), Penicillium roqueforti (Roquefort)
– Kefirpilz oder -kultur

Staub

Wenn der Bruch zu früh geschnitten wurde, geht zu viel Eiweiß in die Molke ab. Die Molke ist milchig trüb. Man nennt diesen Verlust Staub. Die Ausbeute an Käse ist geringer, weil sich Eiweißzellen noch nicht fest im Gerüst verbunden haben.
Auch wenn wir zu rasch schneiden oder brechen, geht Staub in die Molke ab, genauso bei einer zu groben Behandlung des Bruchs während der Bearbeitung und Zerkleinerung.

Sterilisieren der Milch

Die Milch wird kurz auf ca. 140 Grad C erhitzt. Dadurch werden sämtliche Kleinlebewesen in der Milch abgetötet. Die Milch wird dann luftdicht verpackt und nochmals sterilisiert. So ist sie sehr lange haltbar. Allerdings ist die Milch so schwerer verdaulich, weil sich die Eiweißzusammensetzung verändert hat. Wichtige Vitamine für die Kindernahrung (Vitamin B) werden dabei zerstört. Gerade diese wären aber wichtig für das Immunsystem des heranwachsenden Menschen.

Umschichten

Ist der Bruch geschnitten, wird dieser nach einer Wartezeit von ca. ½ Stunde umgeschichtet oder überzogen. Das heißt, der Käsebruch wird mit einem Verziehblech langsam umgedreht, sodaß die unteren Schichten nach oben kommen. Man sieht dann, vor allem, wenn man mit dem Messer geschnitten hat, wo der Bruch noch zu groß ist und kann den Bruch nachträglich verkleinern, sodaß er gleichmäßig wird, was wichtig für einen guten Käseteig ist.
Durch das Umschichten kühlt der Bruch gleichmäßig ab. Die kühleren Schichten mischen sich mit den wärmeren Schichten. Der Bruch gibt die Molke gleichmäßig ab und verfestigt sich.

Wachs

siehe Einwachsen

Wasserbad

Milch und Bruch werden am schonendsten im Wasserbad erwärmt. Es gibt teure Doppelwand-Wannen zu kaufen (ab 35 l). Für den Hausgebrauch stellen wir zwei Töpfe ineinander. Die Temperatur des Wassers muß langsam gestei-

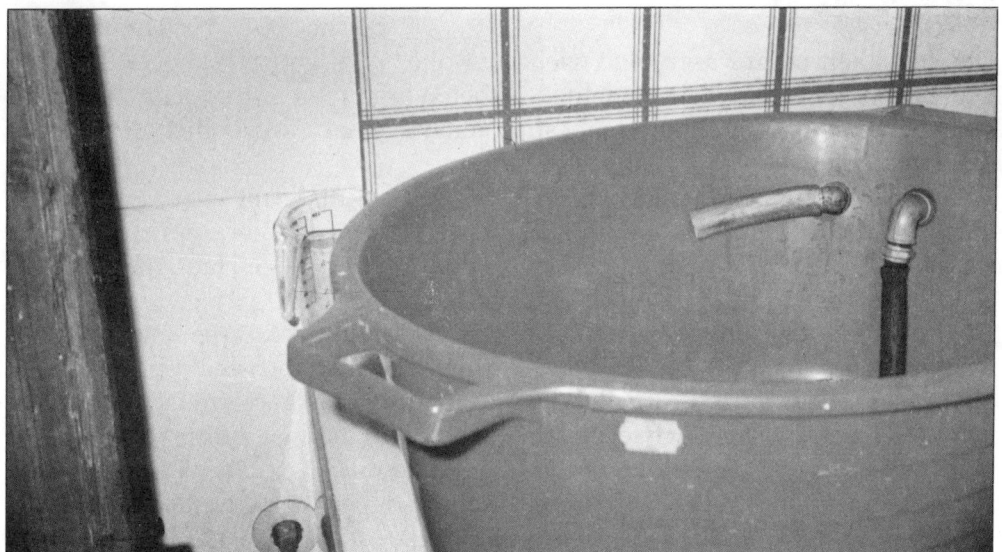

Detailansicht des selbstgebastelten Wasserbades: Die linke Bohrung dient als Zufluß. Der rechte Schlauch reicht fast bis zum Boden und läßt das kühlere Wasser abfließen, wenn oben warmes Wasser zugeführt wird. Einfacher und wirksamer geht es wohl kaum!

gert werden. Ist das Wasser wärmer als die Milch, wird die Milch wärmer, auch wenn wir die Töpfe von der Wärmequelle genommen haben.

Beim Verkäsen im Wasserbad wird die Milch oder der Bruch auf gleicher Temperatur gehalten.

Wasserzugabe

Um Weich- und Hartkäse zubereiten zu können, gibt man vor dem Einlaben ca. 10–30% Wasser zur Milch dazu. Bei der Bearbeitung muß der Bruch gut schwimmen können. Das Wasser geht mit der Molke wieder ab.

Mit warmem Wasser kann die Milch temperiert werden.

Zieht man Molke ab und gibt warmes Wasser dazu (Bruch waschen), wird der Bruch gleichzeitig erwärmt.

Hartkäse aus Schafmilch ohne Wasserzugabe bleibt bröckelig.

Wenden

Das Wenden der Käse – anfangs in Form, später ohne Form – hat den Sinn, die Molke gleichmäßig austreten zu lassen. Ansonsten können Feuchtstellen entstehen (Molkenester), die das Fremdschimmelwachstum fördern.

Zeit

Die Zeit spielt beim Käsen eine wichtige Rolle.

Die Zeiten zwischen den einzelnen Arbeitsvorgängen sollten laut Rezepten eingehalten werden, denn sie bestimmen zu einem wesentlichen Teil das Gelingen des Käses.

Arbeitet man zu schnell, zerfetzt man die Masse, und viel Staub geht in die Molke. Arbeitet man zu langsam, zieht sich der Bruch zusammen, und das Käsewasser kann nicht gut ausrinnen, es ergibt eine ledrige Haut, innen ist der Käse matschig.

Die Zeit kann nicht immer genau angegeben werden. Wie lange etwas dauert, fragte ich eine Bäuerin. „A Zeitl" war jeweils die Antwort, egal ob es sich um das Rasten, das Warten, das Bearbeiten, das Kochen handelte. Als ich nach Minuten fragte, war ein Achselzucken die Antwort und wiederum „a Zeitl halt". Wir müssen oft selbst herausfinden, wie lange dieses „Zeitl" wirklich dauert. Durch eigene Erfahrung werden wir es „mit der Zeit" ins Gefühl bekommen.

Erweiterter Rezeptteil (2. Auflage)

Frischkäse

Eikäse (finnisch)

Klar von 5 Eiern wird in ¾ Liter Buttermilch eingeschlagen. Diese wird in 3 Liter aufgekochte Vollmilch eingerührt und stocken gelassen. In einem Tuch soll die Molke schnell abrinnen.

Den Topfen geben wir in eine Schüssel, salzen ihn, geben die 5 Dotter dazu und mischen das Ganze gut ab. Ein Sieb wird mit einem Tuch, das in heißes Wasser getaucht wurde, ausgeschlagen. Die Käsemasse wird nun hier eingefüllt, die Tuchränder übereinandergeschlagen und leicht beschwert. Nach 6–12 Stunden ist der Eikäse fertig.

Um den Käse haltbar zu machen, werden die Käse auf Strohmatten im Ofen leicht gebacken.

Brotkäse (finnisch)

3 Liter Vollmilch werden eingelabt. Wenn die Gallerte dick ist, wird sie geschnitten. Der Bruch wird in ein Tuch gefüllt, und die Molke rinnt ab. Wenn dann fast die ganze Molke abgelaufen ist, wird der Bruch mit Salz vermischt und auf spezielle flache Formen, die unten einen Haltegriff haben, gepreßt. Nun wird der Käse zum offenen Feuer gehalten und angebraten. Während des Bratens wird der Käse mit Butter eingepinselt. Dann werden die Käse getrocknet und trocken gelagert.

Rahmtopfen (andere Art)

Das Milch-Rahm-Gemisch wird mit etwas Butter- oder Sauermilch als Säurewecker vermischt und 3 Stunden stehen gelassen. Nach dieser Zeit wird die Milch vorsichtig auf 24 Grad C erwärmt und leicht gesalzen. Abgedeckt wird die Milch auf einem warmen Platz, z. B. Herdrand, bei etwa 25 Grad C stehen gelassen, so daß sie nicht auskühlt und gut durchsäuert. Wenn die Milch dick ist, wird die Gallerte grob geschnitten und in einem Seihtuch zum Abtropfen aufgehängt. Wenn der Topfen fertig ist, wird er fein abgeschmeckt und gleich gegessen.

Pecorino-Frischkäse

Die Milch wird mit Säurewecker (1% Sauer- oder Buttermilch) vermischt und nach einer Inkubationszeit von 20–30 Minuten vorsichtig auf 34 Grad C erwärmt. Nun wird die Milch eingelabt mit 6 Tropfen Lab (1:15.000) pro Liter. Die Milch wird rasch dickgelegt. Die Gallerte wird in 1–2 cm große Würfel geschnitten. Der Bruch bleibt einige Zeit in der Molke, bis er sich etwas zusammengezogen hat. Dann wird er in Käseformen abgefüllt, leicht hineingepreßt und gleich obenauf gesalzen. Nach 24 Stunden, wenn die ganze Molke abgelaufen ist, wird der Käse auf ein Käsebrett gestürzt und kommt in den Reifungskeller, der 15 Grad C haben soll. Nach 10 Tagen ist der Käse durchgereift und sollte bald gegessen werden.

Frischer Kochkistenkäse

10 Liter Milch werden auf 24 Grad C erwärmt. Mit 2 EL Buttermilch und 2 Tropfen Lab pro Liter wird die Milch vermischt. Sie wird einige Minuten gerührt und in die Kochkiste gestellt oder mit einer Decke (Tuchent) gut zugedeckt. So bleibt die Temperatur erhalten, und der Käse stockt bei gleicher Temperatur.
Nach 12 Stunden ist die Gallerte fest genug und kann geschnitten werden. Der Bruch wird sodann in ein Seihtuch abgefüllt und bei Zimmertemperatur 6–12 Stunden zum Abtropfen aufgehängt. Dann wird der Käse mit Salz vermischt, in Formen gefüllt und in diese fest hineingedrückt. Bei 15 Grad C werden die Käse aufgestellt und nach 4 Stunden aus der Form genommen. In Alufolie gewickelt, werden sie bei 5 Grad C einige Zeit gelagert.

Handkäse mit Rotschmiere

Den übertrockneten Handkäse können wir in einem Käseraum bei 15 Grad und hoher Luftfeuchtigkeit auf ein Brettchen legen. Wenn wir den Handkäse mit gekaufter Rotschmierekultur immer wieder von allen Seiten abwischen, den Käse täglich umdrehen und wieder schmieren, bildet sich eine Rinde. Weniger günstig, sozusagen nur als Notbehelf, können wir von einem gekauften Rotschmiere-Käse die Rinde warm abwaschen und diese Schmiere dann verwenden. Die Rinde schmeckt schärfer und kann mitgegessen werden.
Wir erhalten Käse mit mildem Kern und schärferer Rinde.

Blauschimmel- und Grünschimmelkäse

Wir können Handkäse ebenso mit Gorgonzolapilzen impfen, so daß bei guter Luftzufuhr auch diese Pilze den Käse umwachsen. Indem wir mit einer ausgeglühten Stricknadel Luftkanäle in den Käse stechen, wandern die Pilze diesen entlang und setzen sich so innen ebenfalls an. Auch mit diesen Pilzen müssen wir vorsichtig sein, damit sie sich nicht unerwünscht auf den anderen Käsen, die im selben Raum gelagert sind, festsetzen.

Der Blauschimmel entwickelt sich bei einer Temperatur von 15 bis 18 Grad und einer Feuchtigkeit von 90 bis 95%. Er benötigt zu seiner Entwicklung länger als der Weißschimmel.

Französischer Rahmkäse (andere Art)

Dieser Käse wird genauso zubereitet wie der Rahmkäse I. Nach dem Schneiden wird aber der Bruch gleich in gelochte Käseformen gefüllt und so lange auf einem Abtropfbrett aufgestellt, bis die ganze Molke abgeronnen ist und der Käse die Form behält. Ein schnelleres Abrinnen der Molke erreichen wir, wenn wir den Käse ein- oder zweimal wenden. Dann entfernen wir die Formen und können ihn gleich verwenden. Wollen wir ihn noch weiterbehandeln, salzen wir ihn, und – wenn er abgetrocknet ist – verpacken und lagern wir ihn.

Weichkäse

Alandkäse (Finnland)

Ein etwas ausgefallenes Rezept möchte ich hier noch erwähnen, damit die eigene Phantasie angeregt wird, Neues auszuprobieren.
6,5 l Milch, 1,5 l Buttermilch, 0,4 l Zucker, 2 EL Ahornsirup, 1 TL Zimt, ev. etwas Essig.
Die Milch wird auf 2 Töpfe verteilt. In dem einen Topf mischen wir die Buttermilch unter. Beide Töpfe werden aufgewärmt. Der Topf mit der Buttermilch wird vom Herd genommen, und die Milch lassen wir stocken. Der andere Topf wird warm gehalten.
Wenn die erste Milch nicht stockt, können wir etwas Essig dazugeben. Ist die Milch gestockt und setzt sich die Molke bereits ab, wird die Molke weggeschüttet und durch warme Milch ersetzt. Wieder soll die Milch stocken, die Molke weggeschüttet und durch warme Milch ersetzt werden, bis die ganze Milch vom zweiten Topf aufgebraucht ist.
Wenn alles nun gestockt ist, wird der Bruch auf kleiner Flamme 5 Stunden lang gekocht. Zum Schluß fügen wir Zimt, Zucker und Sirup dazu und verrühren die Masse. Je länger der Käse kocht, desto süßer wird der Käse.
Der Aland-Käse wird auch mit Brot gegessen.

Käse nach Roquefort-Art

Wir verwenden Kuhmilch oder Schafmilch. Abendmilch wird erwärmt und mit der frischen Morgenmilch gemischt. Wir benötigen nicht unbedingt Säurestarter, aber es ist sicherer, 1 EL pro Liter Milch dazuzugeben. Bei 28–32 Grad C wird eingelabt mit etwa 3–6 Tropfen Lab pro Liter Milch. Nach höchstens 90 Minuten muß geschnitten werden, sonst muß nächstes Mal die Labmenge erhöht werden. Es wird geschnitten, und nachdem sich der Bruch gesetzt hat, wird die Molke abgeschöpft. Der Bruch wird nochmals geschnitten, und die Molke wird wieder abgeschöpft. Nochmals wird der Bruch geschnitten und die Molke abgeschöpft, bis der Bruch schon ziemlich trocken ist. Dann füllen wir den Bruch in eine Form mit 21 cm Durchmesser und 9,5 cm Höhe zu einem Drittel voll. Wir streuen etwas gefriergetrockneten Penicillium roqueforti darauf, füllen ein weiteres Drittel Bruch in die Form und streuen wieder Schimmelkultur darauf. Dann füllen wir die Form voll an. Wir beschweren den Käse mit einem Brettchen und lassen ihn einige Tage in der Form, wobei wir öfters wenden. Wir nehmen den Käse aus der Form und lassen ihn in einem Raum mit 18 Grad C gut abtrocknen. Dann wird der Käse in einem kühlen Raum (8 Grad C) mit grobem Salz gesalzen. Am nächsten Tag wird er nochmals gesalzen. Am dritten Tag kommt er in den Reifungsraum, der 95% Luftfeuchtigkeit und 7–8 Grad C haben soll. Der Käse wird mehrmals abgebürstet und mit Nadeln durchstochen, damit sich der Pilz im Innern des Käses gut entwickeln kann. Nach den ersten 3 Monaten wird der echte Roquefort in Zinkfolie verpackt. Wir jedoch werden den Käse in Alufolie verpacken. Die Gesamtlagerzeit beträgt 3 Monate.

Aus 10 Liter Schafmilch erhalten wir 1,4–1,8 kg Käse mit 40% Fett i. Tr.

Münsterkäse (andere Art)

Der Münster ist ein kleiner runder Schmierkäse mit anfänglicher Weißschimmelbildung. Er wird in den Vogesen hergestellt. Die Formen haben 10–15 cm Durchmesser. Kuhwarme Weidenmilch oder 12 Stunden alte Stallmilch wird als Vollmilch oder teilentrahmt verkäst.

Bei 22–24 Grad C geben wir 1% Säurekultur zu und laben nach 1 Stunde mit 4 ml je 10 l Milch und bei 33–35 Grad C ein. Nach 30 Minuten kann geschnitten werden. Wir schneiden zuerst in 4–5 cm Breite und nach 10 Minuten nochmals auf 2–3 cm große Würfel. Der Bruch wird überzogen und dann gebrochen, sodaß er schließlich Haselnußgröße hat. Gleichzeitig kann um 2–3 Grad C nachgewärmt werden.

Nach der Griffprobe wird der Bruch in vorgewärmte Formen gefüllt und bereits nach 10 Minuten gewendet. Der Raum sollte 18–20 Grad C haben! Nach 50 Minuten und weiteren 3–4 Stunden wird wieder gewendet. Nach 2–3 Tagen wird der schon gut trockene Käse gesalzen.

10 Tage kommt der Käse in den Vorreifungsraum, der 14 Grad C haben soll. Zum Käse muß allseitig Luft dazukommen können. Anschließend kommt der Käse in den Reifungsraum, der 12–15 Grad C und 85–95% Luftfeuchte haben soll. Er wird mit Schmiere gepflegt. Nach 3–4 Wochen ist der Käse reif. Er ist dann weichschnit-

tig, mäßig gelocht, leicht speckig und mild. Die Schichte unter der Rinde ist weicher als die Mitte.

Schafmilchkäse nach Art des Roquefort

Abgerahmte Abendmilch und die frische Morgenmilch vom Schaf werden vermischt und bei 33–35 Grad C dickgelegt. Die Gallerte wird geschnitten und die sich absetzende Molke abgezogen. Der Käsebruch wird händisch sanft ausgedrückt und lagenweise in gelochte Tonformen gegeben, wobei zwischen jeder Lage etwas Roquefort-Pilzkultur aufgebracht wird. Die Käse werden 10–12 Stunden gepreßt und anschließend 10–12 Tage in einen Trockenraum gelegt, wobei sie in immer wieder zu wechselnde trockene Tücher eingeschlagen werden. Dabei werden sie gewendet.

Die Käse werden dann trocken gesalzen und übereinander geschichtet 2 Tage abliegen gelassen. Dann werden die Laibe abgekratzt und kommen in den Reifungsraum. Wenn es sich um echten Roquefort handelt – der Name ist geschützt – wird er in den Höhlen von Roquefort auf mit Stroh belegten Horden übereinandergeschichtet gelagert. Die Temperatur beträgt in den Höhlen 4–8 Grad C, die Feuchtigkeit 60%. Nach 8 Tagen werden die Käse einzeln aufgelegt, damit sie sich rundum mit Schimmel überziehen können. Die Käse werden mehrmals angestochen. Wenn die Schimmelschichte dicht und dick ist, wird sie abgeschabt oder abgebürstet. Dies wird alle 8–14 Tage wiederholt, bis der Käse durchgereift ist. Dann wird er in Alufolie verpackt.

Weichkäse in Formen

Kuhmilch wird auf 32 Grad C erwärmt, Schaf- oder Ziegenmilch auf 28 Grad C. Sodann wird der Topf vom Herd genommen. 1% Buttermilch wird gut eingerührt. 9 Tropfen Lab (bei Schaf- oder Ziegenmilch 6 Tropfen Lab) pro Liter Milch werden in etwas Wasser aufgelöst und ebenfalls gut in die Milch eingerührt. Nach etwa 1 Stunde soll die Gallerte fest genug sein.

Mit einem Flachschöpfer wird für jede Form, die dem Durchmesser des Schöpfers entspricht, ein „Deckel" aus der Gallerte gehoben und extra auf einen sauberen Teller gelegt. Die restliche Gallerte wird in die gelochten Formen in dünnen Schichten geschöpft, und wenn sich der Käse etwas gesetzt hat, wird der Deckel daraufgegeben. Die Formen werden auf ein Ablaufbrett gestellt.

Nach einiger Zeit wird der Käse gewendet. Entweder wird jede Form einzeln oder mit einem Brettchen abgedeckt und mit raschem Griff umgedreht, oder wir legen ein größeres Brett über alle Käseformen, fassen beide Bretter sicher und fest an und drehen mit schnellem Schwenk alle Formen gleichzeitig um. Jeden Tag wird einmal gewendet. Am dritten Tag ist der Käse fertig, d. h. fest genug, und wird aus der Form genommen. Der Käserohling wird rundum mit Salz eingerieben. Sollte sich Schimmel angesetzt haben, muß dieser mit frischer Molke oder Essigwasser abgerieben werden.

Den Käse können wir entweder
– gleich verzehren oder
– er wird einige Tage an der Luft getrocknet, wobei er nochmals gesalzen werden kann, oder
– er wird in Folie gewickelt, luftdicht verschweißt und im Kühlschrank so lange aufgehoben, bis er gebraucht wird.

Pecorino (andere Art)

Dieser Käse wird aus Schafmilch gemacht. Bei 34 Grad C wird die Milch mit 6 Tropfen Lab je Liter eingelabt. Die Milch sollte jedoch vorher mit Säurewecker „geimpft" werden, um eine gute Durchsäuerung zu gewährleisten. Die Gallerte wird, sobald sie fest genug ist, in 1 cm große Würfel geschnitten. Nach einer kurzen Pause, die notwendig ist, damit sich der Bruch etwas zusammenziehen und Molke austreten kann, wird der Bruch vorsichtig auf 38 Grad C erwärmt. Dabei wird mit dem Käsebrecher gerührt, sodaß der Bruch weiter zerkleinert wird. Er soll letztlich Haselnußgröße haben. Hat die Käsemasse 38 Grad C erreicht, wird der Topf von der Wärmequelle genommen. Der Bruch wird noch einige Zeit vorsichtig weiter gerührt. Dann wird die Käsemasse behutsam herausgeschöpft und in gelochte Formen gefüllt, mit der Hand leicht hineingepreßt und gleich gesalzen. So bleibt der Käse 24 Stunden stehen, damit die Molke abrinnen kann. In einem Reifungsraum mit 15 Grad C wird der Käse, nun ohne Form, noch 30–40 Tage gelagert. Von Zeit zu Zeit soll der Käse mit frischer Molke abgewaschen werden. Nach diesen 40 Tagen der Reifung wird der Käse in Olivenöl gelegt. So hält er, bei 5 Grad C gekühlt, noch mehrere Monate. Aus der anfallenden Molke wird in Italien traditionell Ricotta erzeugt.

Käse nach Edamer-Art (andere Art)

Vollmilch oder halbfette Milch (abgerahmte Abendmilch und volle Morgenmilch) von der Kuh wird mit Säurewecker (1% Buttermilch) versetzt und ½ Stunde lang durchsäuert. Dann wird die Milch vorsichtig im Wasserbad auf 32 Grad C erwärmt. Wir laben mit 12 Tropfen Lab pro Liter Milch ein. Nach kurzer Zeit (15 Minuten) ist die Gallerte dick genug, sodaß geschnitten werden kann. Es muß möglichst fein (0,3–0,5 cm) geschnitten werden. Nach kurzer Zeit wird langsam auf 37 Grad C erwärmt und dabei der Bruch nochmals mit einem Käsebrecher zerkleinert. Nach 20 Minuten wird die Käsemasse abgeschöpft und in Formen gefüllt. Nach 24

Stunden, wenn der Käse fest genug ist, wird er aus der Form genommen und ins Salzbad gelegt. Eventuell wird der Käse noch trocken nachgesalzen.

Der Käse kommt in den Reifungsraum, der 10 Grad C haben sollte, und muß dort zuerst täglich gewendet werden. Wenn die Rinde fest genug ist, wird der Käse mit einer Paraffinschichte oder mit einer Käsereiwachsschichte überzogen. So wird der Käse vor dem Austrocknen geschützt. Die Reifungszeit beträgt 3–4 Monate.

Ziegenkäse auf Camembert-Art

Ziegenmilch wird erwärmt und bei 34 Grad C eingelabt mit 3 Tropfen Lab (1:15.000) pro Liter Milch. Wenn sie dick ist, das ist nach etwa 2 Stunden, wird mit einer flachen Schöpfkelle die Gallerte herausgehoben, ohne sie zu schneiden, und in hohe gelochte, zylindrische Formen gefüllt, die zum Abtropfen aufgestellt werden. Der Käse wird einige Male in der Form gewendet. Wenn der Käse fest genug ist, kommt er aus der Form heraus, wird eventuell in dünnere Scheiben geschnitten, gesalzen und bei 15 Grad C zum Reifen aufgestellt. Nach einigen Tagen zeigt sich der Weißschimmel. Nach 2–3 Wochen wird der Käse verpackt und bei tiefen Temperaturen (5 Grad C) gelagert. Nach 3–6 Wochen ist der Weißschimmelkäse fertig.

Durch Hinzufügung von Camembertkultur 30 Minuten vor dem Einlaben wird gesichert, daß sich der Pilz auch wirklich in die gewünschte Geschmacksrichtung entwickelt. Zusätzlich wird der Käse mit in warmem Wasser aufgelöster Camembert-Kultur besprüht.

Wenn der Käse reif ist – er soll weich, aber nicht zu weich sein, und der Kern soll „durch" sein – wird er, so wie er ist, gegessen.

Käse nach Hohenheimer-Art (andere Art)

10 Liter Milch werden 1 Stunde nach dem Melken mit 0,5% Säurestarter versetzt und nach weiteren 15 Minuten bei 30–35 Grad C eingelabt. In 45 Minuten soll die Milch dick sein. Dann wird der Bruch vorsichtig in 1-cm-Würfel geschnitten und nach 10 Minuten langsam gerührt, bis der Bruch Haselnußgröße hat. $\frac{1}{3}$ der Molke wird abgezogen und durch Wasser ersetzt, welches 50 Grad C hat, damit der Bruch dann 37–38 Grad C erreicht. Der Bruch wird durch die Wasserzugabe geschmeidiger.

Wir rühren den Bruch so lange, bis er richtig ist (Griffprobe). Der Bruch wird in vorgewärmte Formen schnell abgefüllt, 2mal gewendet, nach 10–15 Minuten und dann wieder nach 20–30 Minuten, und schließlich zuerst vorsichtig und später mit mehr Druck 4–5 Stunden lang gepreßt. In dieser Zeit wird er mehrmals gewendet.

Er darf aber nicht zu rasch abkühlen. Nach dem Abtrocknen in einem kühlen Raum wird der Käse trocken oder naß gesalzen und bei 16 Grad C und 80–90% Luftfeuchtigkeit gelagert. Täglich, später jeden zweiten Tag, wird der Käse gewendet. Ein sich ansetzender Schimmel wird mit Salzwasser abgewaschen.

Kington-Käse (England)

Bei diesem Rezept sehen wir, daß viel Arbeit in Kauf genommen wird, um eine bestimmte gewünschte Qualität zu erhalten.
Bei 24–28 Grad C wird die Milch (mindestens 10 l) mit Buttermilch angesäuert und nach 2–3 Stunden bei 28 Grad C mit 6 Tropfen/Liter eingelabt. Nun rührt man die Milch 5 Minuten lang gut durch und anschließend nur mehr an der Oberfläche, bis sie gerinnt. Abgedeckt und ruhiggestellt, stockt die Milch und wird sodann grob (2–3 cm) geschnitten. Nach 10 Minuten wird der Bruch 15 Minuten lang langsam gerührt und auf 32 Grad C erwärmt. Es wird weitergerührt, bis der Bruch fest genug ist (Griffprobe). Der Bruch bleibt im Topf, und die Temperatur soll gleich gehalten werden. Nach ca. 1 Stunde ist der Bruch abgesessen. Die Molke kann abgegossen werden. Der Bruch wird im Topf zu einem Ziegel geformt und gedrückt, abgedeckt und stehen gelassen. Nach 15 Minuten wird der Ziegel in Würfel geschnitten (10–12 cm), gewendet und wieder abgedeckt 15 Minuten stehen gelassen. Es wird nochmals gewendet, abgedeckt und weitere 15 Minuten stehen gelassen. Es wird in gleicher Weise noch zweimal gewendet. Dann werden die Käsewürfel fein zerrieben, gesalzen (10 g/kg Käse), in Formen gefüllt und 2 Stunden lang stark gepreßt, gewendet, nochmals mit stärkerem Druck einige Stunden lang gepreßt und anschließend ohne Druck ca. 10 Stunden lang in der Form stehen gelassen.
Anschließend wird der Käse in ein Baumwolltuch eingewickelt und bei 12–15 Grad C im Reifungsraum zum Reifen aufgelegt. Täglich wird gewendet und umgetucht. Nach 10 Tagen ist der Käse gereift. Er kann bei 5 Grad C gelagert werden.

Schwarzenberger Käse

Dieser Käse wird in einer zerlegbaren Holzform hergestellt, weil der Käse sehr weich bleibt.
Die Milch wird mit 0,5% Buttermilch verrührt und nach 15 Minuten auf 30–32 Grad C erwärmt. Nun wird mit 6–9 Tropfen Lab eingelabt und gut verrührt, aber die Bewegung der Milch sofort gestoppt und ruhiggestellt. Nachdem die Milch dick ist (Schnittprobe), wird die Gallerte geschnitten und so lange stehen gelassen, bis die Molke 2 cm über dem Bruch steht. Dann wird der Käsebruch vorsichtig mit einem Flachschöpfer in die Formen gefüllt. Bald nach dem Einfüllen wird der Käse gewendet. Wir wenden noch viermal in Abständen von je 1 Stunde.

Am nächsten Tag wird noch zweimal gewendet, und am dritten Tag wird der Käse aus der Form genommen und an allen Seiten gut gesalzen. So kommt der Käse wieder in die Form. Diese wird erst abgenommen, wenn der Käse fest genug ist und sich nicht mehr verformen kann. Der Käse kommt am vierten Tag in den Reifungsraum, der 15 Grad C haben soll. Die Reifungsdauer ist 3–4 Wochen. In dieser Zeit wird er öfters gewendet und eventuell mit Molke abgewaschen.

Limburger (Backsteinkäse)

Die Kuhmilch wird bei 30–33 Grad C eingelabt, wobei für Vollmilch jeweils die höheren Temperaturen gelten. Die Dicklegungszeit sollte 35–45 Minuten betragen. Eventuell wird mit dem Lab ein Farbzusatz in die Milch eingerührt.
Die oberste Gallerteschicht wird mit dem Schöpfer behutsam zur Seite geschöpft, und wenn etwas Molke ausgetreten ist, wird mit dem Käsemesser längs und quer in 5-cm-Abständen geschnitten. Nach 15 Minuten wird der Bruch umgelegt und dabei zerkleinert, bis der Bruch die Größe von Hühnereiern hat. Dann läßt man den Bruch 10–15 Minuten lang stehen und schöpft die Molke ab. Noch einmal wird der Bruch rasch durchgerührt und dann in eckige Formen gefüllt. Gleichzeitig wird in den Bruch Kümmel gestreut.
Sind die Formen größer, als die Käse sein sollen, werden Einschubbleche noch vor dem ersten Wenden eingeschoben und so die Käse in die richtige Größe zerschnitten.
Wenn die Molke abgeronnen ist, werden die Käse auf den Spanntisch gestürzt, wobei die Form noch auf dem Käse bleibt. Nach einer Stunde werden die Formen abgehoben. Die Käse werden nun zwischen Brettchen gespannt, die verstellbar sind. Nach ½ Stunde und dann nach 1 Stunde wird gewendet.
Am nächsten Tag kommen die Käse auf den Salztisch. Auch dort werden sie eingespannt, umgespannt und gesalzen. Dies erfolgt 6 Tage lang.
Dann kommen die Käse in den Reifungsraum, wo sie jeden zweiten Tag umgelegt werden. Gleichzeitig werden die Käse mit den Händen abgestrichen, damit die Rindenbildung gefördert wird. Die Reifung dauert 10 Wochen.
In Käsepapier gewickelt, wurden früher die Käse in Kisten verpackt und zum Markt gebracht.

Hartkäse

Tilsiter Art (andere Art)

Nicht ganz fette Milch (3–3,5%), aber auch nicht reine Magermilch wird meist mit 3% Buttermilch als Säurestarter angesetzt und ½ Stunde lang stehen gelassen. Dann wird die Milch langsam auf 32 Grad C erwärmt und anschließend eingelabt. Wenn die Gallerte dick genug ist – das soll nach 20–30 Minuten sein –, wird diese in 1 cm große Würfel geschnitten.

Der Bruch wird umgelegt, und es wird soviel Molke abgeschöpft, wie sich leicht abschöpfen läßt. Später wird noch einige Male der Bruch umgelegt und weitere Molke abgeschöpft. Ist die Käsemasse „richtig", so wird der Bruch innerhalb von 15 Minuten unter ständigem Rühren auf 40–45 Grad C erwärmt. Der Bruch soll nun Korngröße haben. Nach dem Wärmen wird 10–15 Minuten lang vorsichtig ausgerührt.

Die Käsemasse kommt in zylindrische Formen, und die Molke kann nun in 24 Stunden abrinnen, ohne zu pressen. Der Käse wird anfangs stündlich, später alle 2 Stunden gewendet und eventuell umgetucht. Dann wird der Käserohling in ein Salzbad gelegt (3–24 Stunden, je nach Größe des Käses).

Der Käse wird in den Reifungskeller (12–14 Grad C) gelegt, und nach einigen Tagen beginnen wir mit einer 2–5%-Salzlösung zu schmieren. Die Schmiere soll gelblichbraun sein. Ist sie weißlich, ist sie sauer oder übersalzen.

Wenn der Käse nach ca. 14 Tagen eine Rindenbildung zeigt, kommt er in einen anderen Reifungsraum, der 12–16 Grad C haben sollte. Die Hauptreifungszeit beträgt 3–4 Monate. Während dieser Zeit muß der Käse immer wieder gewendet und kontrolliert werden. Wenn die Rinde fest genug ist, muß nicht mehr geschmiert werden.

Spalenkäse (Schweiz)

Dieser Käse ist dem Emmentaler verwandt. Er ist sehr hart. Es wird zum Teil entrahmte Milch verwendet.

Den Namen hat dieser Käse von den „Spalen", den Holzfässern, in denen der Käse verpackt wurde. In Italien heißt er Sprinza oder Sbrinz.

Gruyere-Käse (Schweiz)

Dieser Käse wird wie Emmentaler, jedoch mit halbfetter Milch, hergestellt. Dazu wird der Rahm von der Abendmilch abgeschöpft und nicht wieder zugefügt. Gruyere ist ein sehr harter Käse und wird für Käsefondue verwendet.

Cheddar (andere Art)

Es wird vollfette oder halbfette Milch verarbeitet.
Die Milch wird mit dem Farbstoff Orlean gefärbt und bei 28–31 Grad C in 20 Minuten dick gelegt.
Der Bruch wird fein geschnitten und auf 37–40 Grad C nachgewärmt. Der Bruch sollte Erbsengröße haben und nun gesäuert werden, indem man ihn einige Stunden unter der Molke stehen läßt.
Wenn der Bruch „reif" ist – das erkennen wir, wenn wir mit einem glühenden Eisenstab den Bruch berühren und einen Faden von einigen Zentimetern aus diesem ziehen können –, wird der Bruch aus der Molke genommen. Er wird zerrieben, mit 2% Salz vermischt, in Formen gefüllt und 4 Stunden lang unter steigendem Druck (bis zu 9 kg pro kg Käse) gepreßt. Der Käse wird sodann in Baumwolltücher genäht, weitere 24 Stunden gepreßt und – ausgetucht mit Öl, das mit Orlean gefärbt ist – abgerieben.
Die Reifung erfolgt bei etwa 24 Grad C und dauert 1–1½ Monate.

Gouda (Holland)

Die mit Orlean gefärbte Milch wird bei 33–34 Grad C in 15 Minuten dick gelegt.
Der Bruch wird mit einer Holzkelle verschöpft und zerteilt. Die austretende Molke wird abgeschöpft. Unter Rühren wird durch Übergießen mit heißem, 70gradigem Wasser die Masse auf 40–43 Grad gebracht. Nach 15 Minuten wird das Wasser abgeleert, der Bruch geschnitten und verrührt und in die speziellen Formen gefüllt.
Vor dem Pressen wird die Käsemasse nochmals herausgenommen und kräftig durchmischt. Der Käse kommt dann wieder in die Form und wird 24 Stunden lang mit steigendem Druck gepreßt.
Anschließend wird der Käse naß gesalzen, und zwar 24 Stunden in einer 15%igen Salzlösung. Dann kommt er noch einige Zeit in eine 20%ige Salzlösung. Jeden Tag werden die Käse gewendet und oben mit etwas Salz bestreut. 10 kg schwere Käse bleiben 7–8 Tage in dieser Salzlösung.
Dann kommen die Käse in den Reifungsraum und werden mit safranfarbigem Essig oder mit Bier bestrichen. Die Reifungsdauer beträgt 6–8 Monate.

Hinterhofkäse

Dieser Käse wird aus 10 Liter Milch zubereitet. Die Milch wird auf 29–32 Grad C gebracht und Buttermilch als Säurestarter beigefügt.
Nach 45 Minuten wird bei gleicher Temperatur mit 6 Tropfen Lab pro Liter Milch eingelabt. Die Milch wird zuerst einige Minuten lang tief gerührt und dann nur

mehr oberflächlich weitergerührt, bis die Milch gerinnt (Gerinnungsprobe). Nach 45 Minuten soll die Gallerte dick sein.

Wir schneiden in 1 cm große Würfel. Den Bruch rühren wir sanft, so daß sich die Molke gut absondern kann. Langsam wird auf 35–38 Grad C erwärmt, wobei vorsichtig gerührt werden muß. Wenn der Bruch richtig ist (Griffprobe), wird der Käse in ein Tuch gegossen, fest zusammengebunden und aufgehängt oder auf ein Brett gestellt und leicht gepreßt.

Nach einer Stunde wird der Bruch gesalzen (15 g Salz auf 1 kg Käse). Eine Form wird mit einem feuchten Tuch ausgeschlagen, und der Bruch wird eingefüllt. Das Tuch wird ordentlich darübergeschlagen, so daß keine Falten entstehen. 2 Stunden lang wird der Käse mit etwa 10 kg gepreßt. Dann wird der Käse gewendet und neu ins Tuch eingeschlagen. 8 Stunden lang wird dann mit 20 kg gepreßt. Dann wird der Käse wieder gewendet und neu ins Tuch eingeschlagen und 10–12 Stunden mit 40 kg gepreßt.

Der Käse kommt anschließend aus der Form, wird mit Schmalz eingerieben und in ein Baumwolltuch gewickelt. Im Reifungskeller bei 12–15 Grad C wird der Käse 6–8 Wochen reifen gelassen, wobei er entsprechend oft gewendet werden muß.

Chesterkäse (England)

Es werden Laibe mit 25–30 kg hergestellt.

Die (im Originalrezept gefärbte) Milch wird bei 27–30 Grad C in 60–75 Minuten dick gelegt. Mit dem Käsebrecher wird sodann zerkleinert. Bevor das Zerkleinern fertig ist, soll der Bruch 15 Minuten lang absitzen, und Molke entfernt und dann fertig zerkleinert werden.

Anschließend wird fast die ganze Molke abgezogen und der Bruch zusammengeschoben, mit einem gelochten Brett bedeckt und mit 15 kg beschwert, bis keine Molke mehr abrinnt. Die restliche Molke wird abgezogen und die Bruchmasse mit 30 kg beschwert. Dann wird die Bruchmasse zerkleinert und mit 50–60 kg nochmals gepreßt.

In diese Masse wird 2–3% Salz eingeknetet und in eine mit einem Tuch ausgeschlagene Form gegeben und gepreßt. Abermals wird der Käse aus der Form genommen, nochmals zerkleinert, wieder eingefüllt und nun sehr stark gepreßt (30 kg je kg Käse).

Im Reifungsraum bei 15 Grad C wird der Käse 3–10 Monate reifen gelassen. Große Käse brauchen bis zu 2 Jahre zum Reifen.

Radener Käse (Mecklenburg)

Dieser Käse wird aus Magermilch in großen Laiben hergestellt.

Süße Magermilch, die einen Fettgehalt von ca. 3,3% hat, wird im kupfernen Kessel auf 30 Grad C erwärmt. Die Milch wird gefärbt und eingelabt und gut durchgerührt. Die Gallerte soll in 30 Minuten fest sein. Mit einer großen Holzkelle wird langsam und vorsichtig verzogen und der Bruch gebrochen. Nach 6 Minuten wird auf 32–34 Grad C erwärmt.

Dann wird der Bruch 20–25 Minuten lang mit dem Käsebrecher ausgerührt, bis er Erbsengröße hat. Schließlich wird kurz, sehr rasch und gut durchgerührt. Der Bruch setzt sich schnell und gleichmäßig ab.

Mit dem Käsetuch wird der ganze Bruch auf einmal herausgehoben und in die große Käseform (Jerb) gegeben und gepreßt. Es wird in 24 Stunden 7–8mal gewendet, und dabei werden die Tücher gewechselt (umgetucht). Der Jerb wird jedes Mal fester geschraubt.

Nach dem Pressen kommt der Käse 24 Stunden in den Trockenraum. Dann wird er gesalzen und numeriert. Das Salz wird, wenn es zerflossen ist, eingebürstet. Täglich wird der Käse gebürstet, gewendet und gesalzen. Nach 8 Tagen kommen die Käse aus dem Jerb und in den Reifungskeller. Die Reifungstemperatur soll im Sommer 16 Grad C und im Winter 10 Grad C haben, bei einer Luftfeuchtigkeit von 85–95%. Die Reifungszeit beträgt etwa 4 Monate. In dieser Zeit wird alle zwei Tage und noch später jede Woche gewendet und gebürstet.

Bezugsquellen von Käsereibedarf in Österreich

Käsereibedarf

Verpackungsdosen, Milchbecher: Fa. Greiner, Verpackung, A-4550 Kremsmünster

Gelochte, konische Käseformen (Kunststoff), Beratung, Kurse: Lotte Hanreich, Feldegg 1, A-4742 Pram, 0 77 36/62 61

Siegelfolie, Verpackungspapiere: Firma Anger & Co., GmbH, Stockerauer Straße 110, A-2100 Korneuburg, Tel. 0 22 62/29 55 oder 29 37

Laborkleinbedarf: OEMOLK - Betriebsmittelabteilung, Postfach 116, Werdertorgasse 5, A-1013 Wien, Tel. 0 22 2/63 36 31

Firma Gebetsroither, Mitterhoferstraße 11, Postfach 193, A-4600 Wels, Tel. 0 72 42/86 81 10

pH-Indikationspapiere (pH 4,0–7,0): Firma Austro Merck GmbH, Zimbagasse 5, A-1147 Wien, Tel. 0 22 2/97 16 11-0

Hygiene-Schnelltests: Fa. Millipore (Dipl.-Ing. Wolfgang Hohenauer), Hietzinger Hauptstraße 145, 1130 Wien, Tel. 0 22 2/82 89 26

Alpi Handelsgesellschaft m.b.H., Betriebsmittel, Schillerstraße 35, 5021 Salzburg, Tel. 50 5 91/0

Keramik-Käseformen: Stoob, Burgenland, einige Töpfereien

Milchsäure- und Bakterien-Kulturen

Labpulver und Labextrakt: Fa. Josef Hundsbichler, 6332 Kufstein/Tirol, Telefon 0 53 72/22 56, Telex: 05135517

Molkereilaboratorium „Wiesby" (Fa. PKL-Verpackungssysteme GmbH), Industriestraße 14, Postfach 103, A-5760 Saalfelden

Flora Danica (Flensburg), Firma Walter Sedelmayer, Obere Weißgerberstraße 14, A-1030 Wien

bionic-Kulturen: Bio-Quelle, Postfach 36, 4400 Steyr

Bunte Kuh, Jay Brady, Hinterdorfstraße 21, D-6406 Hosenfeld

Bezugsquellen in Deutschland

Laboratorien

Chr. Hansen's Laboratorium, Postfach 1805, D-2400 Lübeck
Biogarde Markenkulturen, Deutsche Bioghurt Gesellschaft mbH, Kaiserplatz 2, D-8000 München 40, Tel. 089/34 40 02-3
Deutschlands Flora, Richard Wilken, Postfach 43, D-2217 Kellinghusen
Bayer Diagnostik (Sparte Marschall) GmbH, Steinerstraße 15, D-8000 München 70
Laboratorium Dr. Drewes (Seesen), Postfach 68, D-337 Seesen/Harz

Geräte

F.-J. Eschenbüscher, Heitwinkel 19, 4795 Delbrück-Boke, Tel. 0 52 50/67 31
Molkereigeräte: Martin Kössel, Postfach 83, D-8970 Immenstadt/Allgäu, Telefon 0 83 23/85 76
Käsereibedarf: Bunte Kuh, Jay Brady, Hinterdorfstraße 21, D-6406 Hosenfeld-Hainzell, Tel. 0 66 50/15 60
Fa. Helmut Rink, Geräte für Obst- und Milchverwertung, Wangener Straße 18, D-7989 Amtzell/Allgäu, Tel. 0 75 20/61 45, Fax 66 14
Fa. Rudolf Zanettin, Elhardtplatz 2, D-8961 Durach/Kempten, Tel. 0831/62 94 und 62 95
Kleinzentrifugen und Buttermaschinen: Häka Apparatebau, Wallonerstraße 27, D-7513 Stutensee
Käsekessel, 35 Liter: INGA-Fertinger, Tornesch, BRD, zu beziehen bei: Friedrich Heindl & Co., A-1232 Inzersdorf, Triesterstraße 227, Tel. 0 22 2/67 25 53-0
Keramik-Käseformen: Paul Vogt, D-8201 Pang bei Rosenheim

Bezugsquellen in der Schweiz

Geräte

Joh. Bichsel u. Sohn & Co, CH-3506 Grosshöchstetten

Literaturverzeichnis

BÄSSLER, FEKL, LANG: „Grundbegriffe der Ernährungslehre", Springer, Berlin, 1979.

BERSCH, Wolfgang: „Milch und Milchprodukte – ein Handbuch des Molkereibetriebes von Ferdinand Baumeister", Chem. Techn. Bibliothek, Band 217, Hartleben, Wien, 1923.

KURSUNTERLAGEN der Bundesanstalt für Milchwirtschaft, Wolfpassing, A-3261 Steinakirchen.

BRUKER, M. O.: „Unsere Nahrung – unser Schicksal", bioverlag gesundleben, 6072 Dreieich, 1982.

„CHEMIE IN LEBENSMITTELN", Hrsg. Katalyse-Umweltgruppe Köln e.V., 34. Auflage, 1985, Zweitausendeins.

DE HOEF: „Auf einfache Art selber Butter, Käse und Yoghurt machen", Holland.

DER FORTSCHRITTLICHE LANDWIRT – Fachzeitschrift für die bäuerliche Familie, Nr. 7, Leopold Stocker, Graz, 1987.

DREWS, Inghild und Manfred: „Mach es selbst", Leitpläne zur Herstellung von Butter, Käse, Quark und Fruchtsaft in Hauswirtschaften, Tornesch, 1986.

EPPENSTEINER, Andrä: „Die Alpensennerei", Selbstverlag, Salzburg, 1950.

EUGLING/WEIGMANN: „Handbuch der praktischen Käserei", 3. Aufl., Parey, Berlin, 1923.

„FINNISCHE KÄSEREZEPTE", übermittelt von Knut Drake, Museum Turku.

GALL, Ch.: „Ziegenzucht", Ulmer, Stuttgart, 1982.

GLYNN, Christian: „Käse machen", Otto Maier, Ravensburg, 1980.

HALDEN, Wilhelm: „Milch und Milchprodukte in der Ernährung", Facultas Verlag, Wien, 1978.

INSTITUT FÜR ERNÄHRUNGSWISSENSCHAFTEN: „Die große Nährwert-Tabelle", Universität Gießen.

KIELWEIN, G.: „Leitfaden der Milchkunde und Milchhygiene", Parey, Berlin, 2. Aufl., 1985.

KIERMEIER, Friedrich, LECHNER Erika: „Milch und Milcherzeugnisse", Parey, Berlin 1973.

KLUPSCH, H. J.: „Saure Milcherzeugnisse, Milchmischgetränke und Desserts", Verlag Th. Mann, Gelsenkirchen-Buer, 1984.

LE JAOUEN, Jean-Claude: „La fabrication du fromage de chèvre fermier (Die bäuerliche Herstellung von Ziegenkäse)", Paris, 1982.

MAIER-BRUCK, Franz: „Vom Essen auf dem Lande", Wien, 1983.

MAIER-WALDBURG: „Handbuch der Käse. Käse der Welt von A-Z", Eine Enzyklopädie, Volkswirtschaftlicher Verlag G. m. b. H., Kempten im Allgäu, 1974.

MEINDEL-DIETRICH, Caroline: „Kochbuch für ländliche Haushalte", 46. Aufl., Scholle Verlag, Wien, 1966.

MILLS, Olivia: „Practical sheep dairying", 2. Aufl., Thorsons Publishers Ltd., London, 1984.

MOHL, Renate: Manuskript, D – Bietingheim-Bissingen.

MÜNSTER, Walter: „Käse selbst gemacht", Fuldaer Verlagsanstalt, 1986.

PETER, A.: „Praktische Anleitung zur Weichkäserei und für die Herstellung der kleinen alpenländischen Hartkäsesorten", Verlag K. J. Wuß, Bern, 1925.

RENNER, E.: „Milch und Milchprodukte in der Ernährung des Menschen", Volkswirtschaftlicher Verlag, München.

SCHWINTZER, Ida: „Das Milchschaf", Ulmer, Stuttgart, 5. Aufl., 1985.

SIEBER, R., RÜST, P., BLANC, B.: „Ernährungsphysiologischer Vergleich von roher, pasteurisierter und ultrahocherhitzter Milch in einem Langzeitversuch mit Ratten", alimenta-Sonderausgabe 49-56 (1980).

SHANKARA/PARVATEE: „Milch im Eimer - Alles in Butter", Selbstversorgung mit Milch und Milchprodukten – Grüner Zweig 101, Verlag Lichtheimat, A-6890 Lustenau.

STÜCKLER, Rudolf: „Chemisch-physikalische sowie mikrobiologische und technologische Parameter von Steirischer Schafmilch und daraus hergestellten Produkten", Diplomarbeit, Universität f. Bodenkultur, 1988.

THUN, Maria: „Milch und Milchverarbeitung", Selbstverlag, D-3560 Biedenkopf.

VOSS, E.: „Milchwirtschaftliche Technologie in Fragen und Antworten", Volkswirtschaftlicher Verlag GmbH, Kempten, 2. Aufl.

WILLI, Ing. Josef: „Bäuerliche Milchwirtschaft 1–7", Fernschule der Landwirtschaft, A-6020 Innsbruck, Brixnerstraße 1.

Stichwortverzeichnis

Stichwortverzeichnis

Stichwortverzeichnis

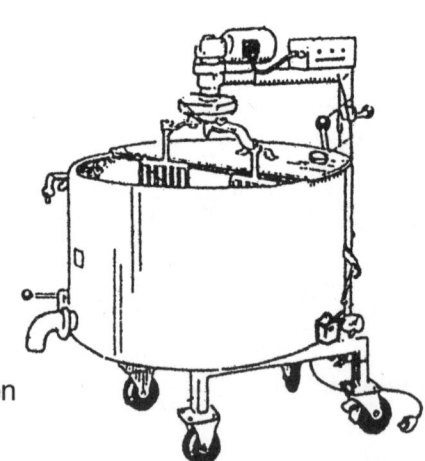